塔式创新

中国管理创新的7个层次

《经理人》杂志社◎著

科学出版社

图书在版编目（CIP）数据

塔式创新:中国管理创新的7个层次/《经理人》杂志社 著. —北京：科学出版社，
2012.5

ISBN 978-7-03-033999-7

Ⅰ.①塔…　Ⅱ.①经…　Ⅲ.①企业管理—创新管理—研究—中国　Ⅳ.①F279.23

中国版本图书馆CIP数据核字(2012)第065718号

责任编辑：徐　烁
营销编辑：王红梅
责任校对：胡新芳
责任印制：张　倩

科　学　出　版　社 出版
北京东黄城根北街 16 号
邮政编码：100717
http://www.sciencep.com

双 青 印 刷 厂 印刷
科学出版社发行 各地新华书店经销

＊

2012年6月第 一 版　开本：B5(720×1000)
2012年6月第一次印刷　印张：13
字数：142 000

定价：35.00元

（如有印装质量问题，我社负责调换）

塔式
创新
目 录

推荐序 ///

"中国仍然只是一个制造大国，而不是创造大国"，业界对"Made in China"的评价可谓"爱之深，恨之切"，"创新"成为社会最为流行的词语之一，一如奥巴马2008年总统就职演讲的标题——Change we need。

诚然，经历了三十余年的经济高速增长，"中国制造"带来的高污染、低附加值，长期处于产业链低端的发展模式已难以为继。对提高自主创新能力，建设一个"创造大国"的呼吁正是这一经济转型期的主流话语。但我想强调的是，创新并非仅仅是一个口号问题，也并非仅仅是一个投入问题，而是一个"量体裁衣"问题。不同的企业面临的是不同的产品与服务对象，因此，对创新的要求就不可视同一律，对企业的创新实践也不必强求一步到位，而时刻应有分级需求和循序渐进两个理念。《塔式创新》一书正是因应不同企业不同创新需求的一部新著。

在《经理人》杂志看来，所谓中国企业管理的创新，或先后，或同时经历七个不同层次的创新：塔基是中国传统文化的土壤，其后是模仿层、微创新、错位创新、越位创新、包容创新、巨创新，最后是塔尖创新。这一金字塔式的创新模型，我认为正是将创新具体化、实践化、可行化的指导性意见。

将模仿也视作一种创新，为模仿正了名。现今中国企业管理多多少少都是从借鉴国外先进技术和管理经验起家的，以至于人们经常蔑称中国的企业为"山寨"，但这亦是对中国企业的一种误解。毕竟，模仿对于企业起步阶段不可或缺，尤其是对于后发企业而言，模仿意味着可以直接站在科技前沿，节省了摸索和走弯路的时间，这恰恰是所有后发企业应当大力利用、发扬的"企业家精神"之一。不怕模仿，只怕模仿得不到位。古人有俗谚云"乱棍打死老师傅"，这并非是一种贬斥之意，而更多是在感慨"后生可畏"。从另一层次来讲，无论中国企业如何模仿，其核心始终是"中国"企业，面临的都是中国市场和中华文化，必须有所调整以适应新土壤，没有什么是原封不动地复制到中国来的，一味全样模仿，带来的结果必定是"橘生淮南则为橘，生于淮北则为枳"，所以，从这个意义上来讲，对中国企业尤其是那些成功企业加上"简单模仿"的恶名是不公允的，它所忽略的乃是中国企业对国外技术与管理经验的"本土化"过程，这同样也是一种创新。没有这种模仿，就没有中国三十年经济成长的奇迹。

这七层创新并非相互排斥，而是互相包容。这同样是对创新结构的科学认识。在上上下下呼吁创新的年代，更要保有清醒的头脑。不能对所有企业"一刀切"，要"一哄而上"，所有企业都要加大科技投入，去追逐巨创新甚至塔尖创新。如同创新结果金字塔所显示的那样，塔基和模仿层、微创新也是非常重要的，而且会是大多数小微企业的选择。一个简单的新想法，对原有产品的一个微小革新，或许对一个小微企业来讲就是一个巨大突破，对他们而言，其实就是一个"巨创新"。同样，对于若干企业来讲，也可能在模仿层之后进入包容创新，甚至巨创新、塔尖创新，多少今天被视作重大创新成就的突破也是从模仿层、微创新开始的。所以，七个创新依次递进，却又环环相扣。

　　塔式创新是人类创新舞台的王冠，是整个国家科技竞争力的集中体现。对于一个国家来讲，为人类文明作出的贡献有多大，塔式创新正是一个体现。塔式创新体现的并非是一个具体技术的突破，而是可引起连锁反应的链条上最重要的一环。在塔式创新领域引起的任何一个突破，都将带来整个产业的进展。而且，塔式创新是一个具有无限包容性的领域平台，在这一平台上，衍生出无数的产业领域，又会在各个生产部门带来永不停息的模仿、微创新、巨创新，成为整个创新体系的"源头活水"。

　　"周虽旧邦，其命维新"，对创新的追求将成为企业发展的不竭动力。《塔式创新》一书对于创新体系的解构和梳理，必将为企业家朋友们提供无限启迪，乃至引发一场创新革命。

　　兹为序！

三一集团总裁 唐修国

编者序 ///

中国管理创新的7个层次

文/《经理人》杂志主编 周建华

这是一个自主创新的时代，也是一个跟风模仿的时代。这是一个微创新的时代，也是一个巨创新的时代。创新好像活力四射，创新似乎杂乱无章。中国管理到底有没有创新？

我们总结了最近一年多来中国的企业管理在商业模式、领导力、战略、组织、资本运作、营销、公司治理、全球化等8个领域的创新实践。我们发现，中国企业的管理创新，或先后，或同时经历了7个不同的层次：扎根中国传统文化（儒道法墨）的土壤，中国管理从模仿创新起步，到微创新，到错位创新、越位创新、包容创新，再到巨创新，甚至已经开始世界前沿的塔尖创新，我们将这7个层次称为"塔式创新"。

塔式创新的7个层次

第一层：模仿创新

中国管理创新，始于引进与模仿，始于引进一些管理技术层面的东西。然而，生搬硬套，生吞活剥，并不能包治中国企业百病。

方太集团总裁茅忠群感叹：无论企业规定了多么完善的规章制度，还是阻挡不住有的员工盗窃，于是还得回归搞孔子学堂，教化员工向上向善。"中魂西制"，这是中国人民大学商学院王利平教授总结出的中国式管理之道——我们只能借鉴西方的一些能帮助企业提高效率的技术、工具、流程，但这些"制度"解决不了企业的根本问题，还必须依靠企业的价值意义系统，也就是"魂"来指引企业；"魂"则须来源于中国传统文化。中国管理创新的基础是中国管理传统文化——儒道法墨，所有的管理创新，无论道还是术，都离不开这一创新的"塔基"。

第二层：微创新

对大多数没有强大创新能力和强大资源实力的企业来说，模仿并不是最佳出路，因为模仿是照葫芦画瓢，很难模仿到精髓。微创新可能是这类企业的最好出路。微创新，就是集中核心优势，从小处入手，单点突破，狙击单一小蓝海，满足客户最揪心的需求，做大公司可能不屑于做的事情。例如，快书包只卖少数畅销书，保证一小时到货，只做北京、上海、广州三大城市的核心商务圈。李开复投资的点心网，只做Android操作系统的本地化，让本地用户享有更流畅的使用体验。

第三层：错位创新

错位创新，又称逆向创新——我的打法跟你完全相反，你往东来，我却往西去，你说黑好，我说白胜，正如相反车道的跑车，尽管都在同一条公路上，但永远不可能碰头。

美特斯邦威是本书中的重点案例，它高举新国货的营销旗帜，就是很好的错位创新思维。熟悉服装行业的人都知道，不少服装企业明明是中国人运作的，却要在国内外注册洋名称，变成洋公司，声称自己是"意大利品牌"、"法国品牌"等，以此来迷惑消费者。美特斯邦威敏锐地发现，当今的90后群体，已不再盲目崇洋媚外，因此，在市场普遍对国货失去信心的时候，喊出了"新国货"口号，推出新品牌MTEE，倡导"中国风格"。同样的道理，当别家化妆品公司都在高呼国际元素的时候，上海家化却反其道而行之，来个中草药的中国元素，也属于错位创新的成功范例。

第四层：越位创新

越位创新的基本思维，就是要以跨公司、跨产业、跨产业链上下游的开阔视角，分析和判断市场变化带来的商机。尤其是商业模式的创新，战略的创新，往往突破单一公司、单一产业的边界，能越位到不同的行业，以整合的视角，创新出全新的商业模式和战略性蓝海。

某大规模企业董事长心血来潮时，曾经调侃几个副总裁："你们几个大老总，进入行业时间比我长，行业经验比我丰富很多倍，到头来只能在我这个行业新兵手下打工，你们应该反思一下这是为什么。"能够以越位的视角，在产业的边界发现商机，正是他的成功之处。

富士康盘活工业用地资源，利用商业地产做零售生意，与麦德龙超市合资成立万得城，开设IT卖场赛博数码；万达集团介入旅游行业；华谊兄弟涉足网游领域；云南白药制造牙膏，这些都属于越位创新思维的良好运用。越位创新的前提是，创新企业必须打造出一个坚实的核心业务，有团队和管理的坚实基础，有资本市场的支持；否则，擅自越位，就存在过度扩张、管控失效的风险。

第五层：包容创新

企业越界创新发展，最终国内的产业容量已经无法满足要求，必须进行全球化扩张。全球化发展要面临的挑战就是，不同的国家、地区和种族，其文化、发展程度、语言，都迥然不同，企业必须跳出在中国本土形成的狭隘视野，实行多元文化下的包容创新。当然，包容创新，并不代表没有主线、核心，包容必须是"以我为主，包容并蓄"。

吉利通过一"厂"两"制"、文化"统一"的实践，以包容创新式的组织结构和组织文化，破解国际并购难题，并设立全球型企业文化研究中心，塑造吉利全球性的、包容的企业文化。包容创新，不仅包括文化包容，也包括战略的协同。

在公司内部管理上，万科总裁郁亮兼备领导力与追随力，新东方从合伙制走向开放式权力结构和股权结构，都属于包容创新的典型范例。

第六层：巨创新

巨创新，是指企业所实施的创造活动，对整个产业甚至人类历史具有革命性意义，具有淘汰旧产业、形成新的规模产业的作用。人类历史上，蒸汽机、汽车、飞机、火车、航天器、互联网的诞生和应用等，都属于巨创新的范畴。遗憾的是，这些巨创新都没有发生在中国。本书中提到的央企电动车联盟，如果成功，则可能对推动中国在新能源全球大战中，拔得头筹。

　　高层级的巨创新，需要一些伟大的发明家，在一些深具实力的财团或机构支持下，做出一些关键核心技术的创造和发明。这需要整个社会政治、经济制度环境的配套支持，包括人才培养、资本机制、创新制度等。

　　次高层级的巨创新，如苹果公司，围绕消费者未被满足的潜在需求——往往是基于人性的需求，开发出高体验的解决方案。研究表明，过于强调团队的组织环境并不利于创新，而创新点子辈出的组织，却往往都是个人英雄主义盛行，相互竞争大于合作的组织。当然，这种文化或将带来不稳定性。

第七层：塔尖创新

　　塔尖创新，是指为了探索人类未来技术进步、管理进步而做的探索性创新。实验室里成千上万的尖端技术探索，管理思想家们长年扎根企业，试图发现推动人类生产力进步的种种管理因素、制度因素，都属于此类创新的范畴。

　　这种塔尖式前沿研究，不再与短期的经营利润挂起钩来。从技术的层面，一旦探索成功，就很可能转化成为巨创新实践，如美国军方发明互联网，推动人类历史大跨度地前进。又如西方理论家们提出的"创新"、"企业家精神"等。

　　塔式创新的七个层次，正如马斯洛人类需求层次一样，有所区分，但又不可能将其截然分开，有时候可能混合共存，有时可能依次升级，有时也不会循序渐进，而有可能从第一层直接跨入第三四五六七层中某一两层。七个层次如何完善区分，还需要我们共同探讨。

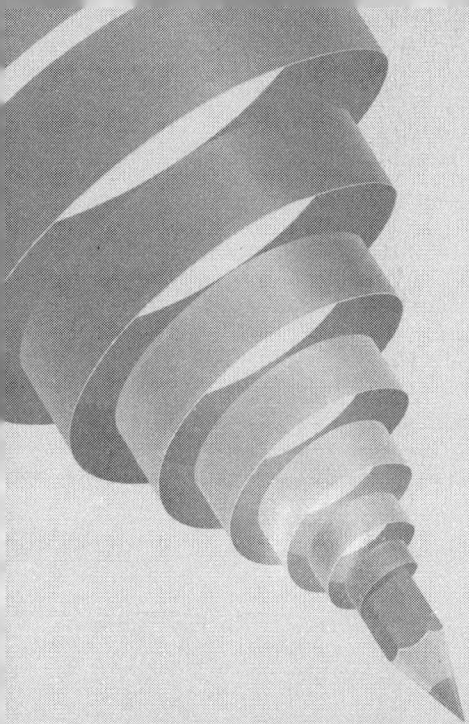

一　模仿创新：

创新就是率先模仿

模仿，指的是后动企业采取和先动企业尤其是成功企业相同或类似的经营行为，它既指对产品的模仿，也包括对管理、经营策略的模仿。

"儒学五常"中的治企之道

//

文/ 方太集团总裁 茅忠群

"五常"指的是仁、义、礼、智、信，是儒家思想的核心元素。

五常是上天授予人类的五种恒常不变的道德规范，也是上天授予人类的命，即天命，是人的本性。既然是人的本性，便是每个人生来就有的。那为何现实生活中较少有人显现这种美德？那是因为"性相近、习相远"，一般人都受后天不良环境的影响沾染了不良的习性，从而掩盖甚至泯灭了美好的本性。儒家思想认为任何人通过修身均有可能革除习性，恢复本性。通过修身恢复了五常，就能获得圆满的人生。因为种下什么样的因就一定会收获什么样的果，因果律是天下最大的规律。

通过研究我们还发现，五常既是道德规范，还可以作为一种系统的管理思想发挥巨大的管理价值。同时，我们还要看到五常是个整体，不但先后有序，而且应当平衡兼顾，如果只是片面强调某一方面，也是不可行的。

仁者无敌

仁，即替人着想，就是能够分一点爱给别人，要有爱心。作为道德规范，仁要求每个员工做到能替顾客着想，替其他员工着想，替合作伙伴着想，替公司着想；要求上司替下属着想，下属替上司着想，公司替员工着想；要求替相关方着想，替社区着想，这样才能共赢。

有个故事，讲的是天堂与地狱的差别。有个人遇到一位天使，天使说："来，我领你到天堂和地狱去看看。"首先，那个人来到地狱参观，正好到了吃饭时间，中间是一排长长的桌子，两边坐满了人，拿的筷子都有一米长，一声开动令下，两边的人争先恐后地夹起菜想要往自己的嘴里送，然而由于筷子太长，到了中间，筷子就打起架来，大家互不相让，打得头破血流，菜掉了一地，结果是谁也吃不成。那个人看得兴味索然，对天使说："我们还是到天堂看看吧。"于是，他跟着天使来到天堂，也是开饭时间，奇怪的是，桌子还是那些桌子，筷子还是那些筷子，两边还是坐满了人，结果喊一声开动，大家都夹起菜来往对方的口里送，有一个人缘好的，好几双筷子都伸到他的嘴边。那个人恍然大悟，原来天堂与地狱就在自己一念之间。一念为己，尽是地狱；一念为人，就是天堂。

"仁"告诉我们，每个管理者在日常的待人接物处事中，尤其是制定规章制度时都要替顾客着想，替下属着想，替相关方着想。一个替他人着想的处理决定或规章制度一定会获得他人的支持和欢迎，决定或制度执行起来就会事半功倍。

义者受人尊敬

义，即合理合宜，就是要公平公正，合乎道理，讲原则。仁要求我们要替人着想，但如果只是一味地替人着想，而不讲原则是非，不讲公平公正，不讲合理性，也是不行的，那就是孔子讲的"乡愿"，俗话叫"老好人"，孔子也称这种人为道德的败坏者。所以在替人着想时，也要讲原则，讲究度。

作为管理思想，义要求我们每个员工待人接物处事一定要做到合理，合宜，公道，公平，公正。这个合理的度在正直的员工的心里，在君子的心里。这个度可以由一群正直的员工（君子）通过充分讨论得出。比如员工薪水的设计问题，高层与基层员工薪水究竟应当如何分别设计？应当有区别吗？区别多少算合理公平？如何兼顾外部公平性和内部公平性？这就是一个需要由义来解决的问题。

合理化在管理中是一项重要原则，提案改善即合理化建议也是很多公司采取的一项重要管理措施。在解决问题、处理问题、制定制度时尤其要重视"义"，只有这样，问题的处理结果、所制定的制度才会受到大家的认可和欢迎。

礼即遵守制度

礼，即遵守制度，就是遵纪守法，恭敬礼让，守规矩。古代作为道德准则的礼则引申为遵守制度、遵守规则的美德。仁义作为阴阳互补的两大道德法则基本可以指导我们面对所有的人与事。但也有缺陷，即在每一次待人接物处事中如何都能做到又仁又义？如何能够对每件事作出正确判断而没有意见分歧？是否面对每件事情我们都需要反复讨论？礼就能解决以上这些问题。

君子们在长期的社会实践中把又仁又义的行为总结成法律制度、行为规范。但法律制度需要定期修订，因为原来符合仁义的条款可能会变得不符合仁义了。仁义是礼的思想基础，制定礼离不开仁义。反过来，不分轻重、面面俱到的礼法也不仁义。

作为管理思想，我们要把过去已经反复讨论过而达成的符合仁义要求的共识转化成公司的规章制度、行为规范、规矩规则。这样，所有的员工遇到同类的事情按照制度办理、遵守制度、遵守规矩就是了。当下中国人对制度的遵守远远不如西方人，是有违儒家思想的。

智者不惑

智，即智慧做事，就是要洞察本质，知己识人，明辨是非。我们想拥有智慧，大体上有三个途径：学而时习（儒家思想），就是不断学习、不断实践和总结；道法自然（道家思想），就是从自然规律中获得启发和感悟；戒定生慧（佛教思想），就是持戒习定便能生慧。

这三个途径能够结合起来，应该是修习智慧的最好法门。儒家讲"教之道，贵以专"，佛教也提倡"一门深入"，就是要从持之以恒地学习一门经典入手，这是修习智慧的捷径。有了智慧，我们会发现过去我们认为的难题再也不是难题了，过去困惑的问题不再感到困惑了。

企业中的智慧表现为个人智慧和组织智慧，两者都很重要。组织智慧的层次比个人智慧更高，对组织的重要性也更大。没有个人智慧，就不会有组织智慧；有了个人智慧，也不一定就有组织智慧。组织智慧应该是智慧的员工、智慧的组织治理结构、智慧的流程制度加上智慧的企业文化。我们应当在创建学习型组织的基础上进一步创建智慧型组织。

信者始为人

信，即诚实守信，就是要不欺不骗，一诺千金，得人心。一个人具备了仁、义、礼、智四德，还不够，还需要"信德"。信有两个层次：初级层次是守信，高级层次是信任。首先要从守信做起，一次、两次、十次、百次持续地守信，最终就能得到大家的信任，获取他人的心。另外，信德要以仁、义、礼为前提，即不要不顾仁、义、礼而片面执著于信德。

作为管理思想，信德要求公司、管理者、员工都要做到诚实守信，信守诺言。一个成员之间互相信任的团队，其力量是无穷的。公司还要努力取得消费者的信任，这样我们的品牌才能成为一个真正的品牌。

要做到守信，很重要的就是不能轻诺。凡是习惯轻诺的人，一定难以守信，不能守信，就不能获得信任。当别人不太信任你时，你首先应该反思自己的所作所为，检查一下自己的信誉账户。公司和管理层尤其要注意对制度不折不扣地贯彻执行，而且不能朝令夕改，这样才能获得员工的信任。

在模仿中实现终极创新

//

在这个不创新就灭亡的时代里，对于企业来说，具备更强的创新实力就意味着能够占据竞争的高地，故而大量公司对企业研发投入了相当大的财力和物力。一个企业某个成功创意的背后，通常是对时间、财力、智力的大规模投入，人们因此也对创意型企业和企业家充满敬意。与之相对，人们对那些模仿型的企业始终是冷嘲热讽，人们总是会问这些企业："哪些才是你的东西？"

有人说："在中国，创新就是率先模仿。"话虽简单，却道出了创新和模仿的另一层相依关系。

客观地讲，建设创新型企业是极其困难的，而且大多数的创新型企业也都是经由模仿起家的。通过模仿，才使后发企业在起步之初就可以站到行业发展的最前沿，和那些最成功的公司站在同一条起跑线上。模仿行为非但不是阻碍创新的障碍，反而为进一步提高创新竞争力搭建平台。正如唱歌一样，我们都是从模仿那些经典歌手开始，正如学习一样，我们都是从那些经典解题技巧入手，正如从事足球运动一样，我们都是从模仿那些国际巨星的拿手动作开始。因此，对创新而言，我们自然鼓励有加，但另一方面我们也不应一味地对那些以模仿起家的企业鄙夷不屑，而脱离中国企业在现代化的浪潮中始终是"发展中"、"后发型"这一客观事实。

始于模仿而获得成功的中国企业其实有很多，但并非所有模仿行为都获得了成功。这其中是否在模仿中依据中国市场的特性实现"中国式模仿"，是其要害所在，而这也正是模仿层创新的根本意义所在。过于简单地去模仿成功企业的产品，并希望仅靠复制他们的外观就能获得成功，往往并不能得偿所愿，甚至流于东施效颦。更重要的，在于模仿成功企业背后复杂的成功因素和基础能力、管理、制度、文化的精髓。而且，这种模仿一定是在一个新兴市场内的本土化进程，要有一个吸收一消化—自主创新的过程。

社交网站的兴起是近些年互联网界的大事，尤其是在2011年，由社交网站逐步扩散至中东等地的大规模政治风潮，这一事件更使得社交网站具有了颠覆过去传统政治实践的示范意义，由此引发了全社会的共同关注与讨论。

美国的Facebook是最早涉足社交网站（SNS）领域的公司，它于2004年2月4日上线，由哈佛大学的学生马克·扎克伯格创办。当月月底的时候，半数以上的哈佛本科生已经成了Facebook的注册用户。之后，Facebook效应迅速扩展到麻省理工学院、波士顿大学和波士顿学院，覆盖了所有常春藤院校和其他一些学校。从2006年9月到2007年9月，一年之间，该网站在全美网站中的排名由第60名迅速上升至第7名。而到了2009年1月，该网站的全球用户人数已达1.5亿，其中有近一半用户每天都在使用Facebook，扎克伯格称，Facebook的用户已经覆盖全球各大洲，甚至包括南极洲。他戏称："如果Facebook用户组成一个国家，则将是世界上人口第八大国，略多于日本、俄罗斯和尼日利亚。"到2010年1月，Facebook已经超越Yahoo成为美国第二大网站，仅次于Google。曾几何时，Yahoo曾经是互联网的旗帜，继2008年2月其访问量被Google超越之后，它再次滑落第二的宝座。Facebook的成功上位，也说明了社交网站的巨大实力和发展前景。互联网对世人来说，已经从单纯的工具发展到了现实生活无可替代的延伸品。

中国在社交网站领域的排头兵目前是人人网，它最初也是靠模仿Facebook而发展起来的。人人网原名校内网，2005年被千橡集团收购后，开始进军社交网站领域，以在校学生为主要目标人群，实现了迅速发展。2009年，为了使该网站突破校园这一狭窄的范围，千橡将校内网正式更名为人人网。2009年8月4日，千橡集团在校内网发布消息："为了给校内网带来一个更长远、更广阔的发展前景，我们需要割舍对校内品牌的依恋之情，去积极地、勇敢地创造一个更伟大、更具延展性的新品牌，一个广大用户心目中的至爱品牌。"更名举动最直接的原因，是因为当年热衷于校内网的许多大学生毕业并踏入社会后，发现他们并不在学校，然而每天仍在登录校内网，所以感到不适应。同时，千橡集团为了创造一个更加具有包容性的社交网站，决定把校内网更名为人人网，对所有人开放，从而跨出了校园这个封闭空间。

2011年5月4日，人人网在美国纽约证券交易所上市，标志着人人网在SNS领域的成功。目前，人人网已有了上亿用户，年利润达七千多万美元，尽管和Facebook相比，还存在较明显的差距，但面对中国这样一个巨大的市场和以中文为主的国家，即使Facebook成功进入中国，模仿起步的人人网一定会是它最强劲的对手。

另一个代表模仿效应的案例就是联想，它在发展之初，一直视惠普为自己的榜样。1987年，联想开始代理惠普中国的惠普绘图仪，但联想当时的代理业务还处在批零兼营的启蒙时期，合作双方真正的幸福时光是从1992年开始的。杨元庆曾说过"惠普是我们的老师"，联想真正走向成功的第一步，是学习惠普的分销模式，这对于当时的联想，甚至对于整个中国IT渠道的发展来说，其意义都绝不仅仅只是一种销售模式的探索。

1994年，临危受命的杨元庆被推到了微机事业部总经理的位置上，杨元庆为人称颂也正因他销售联想微机的骄人业绩。而事实上，他当时的成功秘诀就是"学惠普"。联想通过成功地模仿其成熟的PC技术、市场分销模式、管理模式，并通过引进国外投资市场的最佳实践，最终成了中国乃至亚洲的个人电脑业强者。同样，除了模仿惠普外，联想还在营销手法上向三星学习，通过赞助奥运会敲开了发达国家的大门，联想还在战略目标上模仿美国通用电气等著名企业采取了多元化与国际化的战略。不断地学习、吸收，使联想企业能够始终盘踞行业的最前沿，并成为中国企业走向海外并成为世界著名品牌的排头兵。

还有中国的吉利汽车，同样是从模仿起步，通过自主创新，消化吸收国外汽车企业的经验，用短短几年时间走过了国外一些大企业十几年的发展历程，以超乎寻常的速度占据了中国的轿车市场，连续八年进入中国企业500强，被评为首批国家"创新型企业"和"国家汽车整车出口基地企业"。可见模仿并不代表落后，反而是创新和发展的基石和捷径，是有效利用后发优势的典范。

此外，还有新浪微博之与Twitter，小米手机之与iPhone，腾讯之与MSN，百度之与Google，当当之与亚马逊等，都是模仿起家的典范，也都取得了巨大的成功。当当网的联合总裁俞渝在接受《财经时报》专访时，毫不讳言自己对亚马逊这个全球最大最知名的网上书店的模仿和学习。她将当当网比做"学龄前儿童"，而"亚马逊"已经进入"青春期"了。赢道顾问合伙人穆峰曾说，某种意义上，我们模仿并加以创新，不失为另辟蹊径。因此，在跟风过程中让自己壮大，不断增强核心竞争力，这才是最聪明的跟风者。

百度、腾讯也是模仿继而创新的杰出典范。《华尔街日报》称：百度凭借出色的模仿能力在中国市场领先于谷歌。腾讯在中国的发展也领先于MSN中国。然而，百度和腾讯的模仿并非完全是跟风，不完全是照搬，而是依据企业特点、国内市场和用户需求进行改良创新，从而实现了技术的"本土化"。

当然，有着丰富的文化内涵和深厚的设计理念，通过别人的设计风格和理念刺激自己的灵感再加以发挥是可以理解的，但吃现成饭，完全地照搬与模仿就不能提倡了。全盘照搬只能学其形而不能知其神，是没有后劲的，跟在别人屁股后面跑，永远不能追赶超越。大千世界，芸芸众生，研发创新，永无止境，开动脑筋走自己的创新之路，既培养了人才，也使企业的发展有了动力。企业没有创新就没有发展，所以，模仿只是一种策略，在模仿中实现终极创新才是企业需要追求的终极目标。

中国"军队" vs 西方"矩阵"

///

西方人初到中国的时候，总感到许多先入为主的想法受到了挑战。大多数的西方人把中国想象成一个街道上挤满自行车、人人穿着统一制服的国家，那是多年来他们在老电影和新闻里常常看到的景象。一般而言，他们除了2008年北京奥运会以外，很少有机会接触当今的中国。

中国在过去十年里的变化之大，既非普通西方人所能领会，也非很多中国人能够意识到。今天的中国像一个年轻的学生，虽然拥有显赫的家世和古老的传统，但正在努力学习着市场经济和创业精神。

中国的"军队化"管理

在20世纪的大部分时期，中国企业的管理采用的都是分层式管理模式，整个的管理体系是自上而下的，类似于军队的管理模式。这种模式在用于管理一个清晰明确的计划与管控流程时非常有效。它保证了分层式组织中的每个人都知道自己的角色和位置，如果他很好地履行了自己的岗位职责，就可能在分层式组织中得到晋升。

从许多方面来看，这种模型非常安全，组织里的每个人都被告知下一步应该怎么做，这给他们以安全感。大家既没有困惑，也无须猜测。这种文化似乎已经在许多中国企业里根深蒂固，无论其规模大小。经理的地位更是父亲，每个人都敬畏他，无条件地执行他的指示。

从执行的角度来看，一旦理念和方针被制定出来，分层式管理模型就开始有效地运转起来，通过其管理体系快速地实现理念、流程、系统或政策。这种模型在许多方面可以绕开"公司政治"所设置的障碍，而既得利益团体的"公司政治"恰恰是导致大多数西方公司内部变革失败的根本原因。

然而，如果初始计划是有缺陷的或是不切实际的，这种模型就不能保证在实现计划以前将其终止。这是等级森严的分层式管理系统的不足之处。如果命令是自上而下传达的，那么实际上，有能力发现问题的人永远没机会质疑或是检验命令的正确与否。

西方企业管理者意识到，为了倡导新理念或改善生产质量，重要的一点就是鼓励员工开诚布公地提出意见，使员工感觉到自己在公司的重要性，进而提高了员工的工作质量和生产效率，最终提升了整个公司的赢利能力。

近来，中国企业逐渐意识到"服务"在全球化竞争中的重要性。无论公司销售何种产品，没有高质量的服务，就无法提供高质量的产品。全世界的客户，尤其是西方国家的客户，在购买商品时有多种选择。他们更注重质量和服务，而非仅仅价格优势。中国企业已经了解这一点，并把"客户至上"的要求加入自己的管理模式中。中国许多大中型企业都开始把内部组织作为客户来对待。

西方的"矩阵式"管理

对西方的公司来说，短期收益的优先级常常高于长期收益，这种商业理念深深地影响了其管理理念。尤其是上市公司的业绩，都是以季度来衡量的，因此这些公司的重点也就放在那些能带来短期收益的方案上面，即使那些方案可能存在对长期经营的不利因素。

然而，大多数中国公司似乎仍然在制订长期计划，重视对基础设施和人员的投资。这使得中国公司在短期内承担了更多的风险，但长期来看中国公司将获得稳定的收益。这些收益不仅仅来源于降低生产成本和销售价格，更多源于创新和创业。

西方企业的管理将去向何方？经济不景气、前途不明朗、市场竞争残酷，诸如此类的市场推动压力，迫使西方企业学会了"花更少的钱，办更多的事"。西方企业开始改变其僵硬的组织结构，代之以一种跨部门的协作式模型——矩阵式管理模式。

在矩阵式管理方法中，不同组织的员工作为资源参与到项目中，一起来实现共同目标。员工的绩效考核，基于其实现项目目标的难易程度和履行项目职责的表现。每一个员工仍然由那种典型的人力资源组织模型来管理，不同的是他们现在直接隶属于自己的部门主管，并间接隶属于项目经理；来自不同部门的员工可以一同讨论与分享各种理念；几个经理负责项目的不同部分，一个或几个领导一起来管理整个项目。这种管理模式的好处在于，管理者可以快速地开发并作出决定，而在分层式管理模式中常常需要大量的审批流程。

最佳经营之道

幸运的是，管理也是一种可以学习和借鉴的技能。

拥有着悠久文明的中国人对管理并不陌生。那些传统的价值观和方法论仍在为中国企业的成功带来巨大优势。但是毕竟世界是平的，点一下鼠标就可以走进全球市场，西方企业也在努力适应这个充满了机遇和挑战的"美丽新世界"，这使得有时后来者反而居上。中国企业既可以吸取西方企业管理实践的失败教训，也可以借鉴他们最佳实践的先进经验。

中国企业不应该盲目抄袭西方企业的管理实践，反之，中国企业应该仔细地研究那些实践，审视自己的现状和传统的方法，并找到中国企业自己的最佳经营之道。这种经营之道应该是简洁明了的，深思熟虑的，高瞻远瞩的。

那些真正成功的企业，不仅关注短期收益，更关心长期计划和远景。他们不是把员工当成臣民，而是当做可以投资的资产并培养员工以激发更多创新理念。这些创新理念将使得中国企业不仅仅局限于高性价比的供应商的角色，更是高质量和卓越运营的典范。

模仿全球领袖的6种领导风格

//

对全球先进领导力的学习与模仿，也是中国企业管理界的一大特征。

什么是最佳领导风格？什么样的领导风格能够为组织带来卓越绩效？

这是领导力研究领域中最受关注的核心问题。在第二次世界大战末期，美国俄亥俄州大学和密歇根大学的学者们就开始了对领导行为和风格的研究。时至今日，学者们已经发表和出版了数以万计的论文和书籍，直到今天，领导者的最佳领导风格及其与组织绩效之间的关系依然是学术界和企业界关注的热点话题。

为了认识领导力这头大象的"整体"，我们必须先认识和理解领导力的"局部"。目前，有6种影响较大的领导风格得到了中国学术界和企业界的重视。

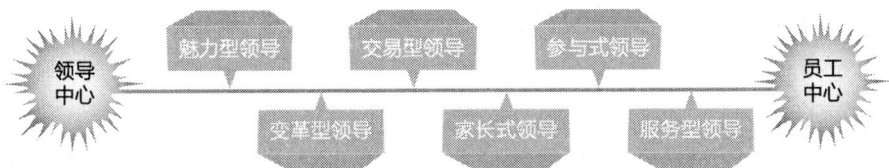

图1　全球瞩目的6种领导风格

No.1：魅力型领导

"魅力"（charisma）一词来源于希腊语，意思是"礼物"，其最早被应用在基督教的《圣经》之中，表示一种圣灵、神秘的精神。

德国社会学家马克斯·韦伯最早提出了魅力型领导理论，并利用魅力型领导理论来解释和研究社会政治领袖。1977年，组织行为学家罗伯特·豪斯将魅力型领导理论引入商业组织中，并据此明确指出了魅力型领导者的行为。

这种领导风格的核心在于领导者拥有"魅力"这一特殊的品质。魅力既可能是存在于领导者身上的非凡品质，也可能形成于领导者与追随者的互动关系之中。魅力型领导者的行为特征主要包括角色模拟、形象塑造、展示非常规行为、印象管理、价值观引导、描绘吸引力的愿景、树立角色榜样等。

众多的研究表明，领导者的魅力型领导风格对下属会产生积极的影响，能够提高下属对领导者的认同，能够对追随者产生特别的吸引力，并引导追随者实现领导者的目标。

No.2：变革型领导

该理论产生于20世纪80年代初。1978年，詹姆斯·麦格雷戈·伯恩斯在对政治型领导人进行定性分类研究的基础上提出领导过程应包含交易型和变革型两种领导行为风格。在此基础上，伯纳德·巴斯于1985年正式提出了变革型领导行为理论。目前，关于变革型领导的研究占据了领导行为研究的中心地位。

变革型领导者的行为风格主要包括四个主要维度：（1）精神激励，即通过愿景与理想的目标激励下属；（2）智能启发，即激发下属的创意与创造力；（3）领导魅力或理想化的影响，即通过自身的行为来塑造下属积极向上的角色；（4）个别化的关怀，即对下属进行差异化的指导和关心。

大量的研究表明，变革型领导行为是"领导和下属之间彼此互相提升成熟度和动机水平的过程"。在这个过程中，领导者可以通过让员工意识到所承担任务的重要意义，激发下属的高层次需要，建立互相信任的氛围，促使下属为了组织利益牺牲自己的利益，并达到超过原来期望值的结果。变革型领导者做事像教练、导师，更善于培养一种协同努力的氛围。在变革型领导的带领下，下属能够学会以双赢的原则思考问题，并且学会理解人、倾听他人从而创造出合力。

No.3：交易型领导

与变革型领导不同，交易型领导是基于社会交易的观点，领导者和下属之间的关系是一种现实的契约行为。伯恩斯指出，交易型领导是领导者和下属通过磋商达到互惠的过程，领导者与下属在最大利益和最小利益的原则下，来达成共同的目标。

交易型领导的行为风格主要包括权变报酬和例外管理两个维度。

权变报酬式的领导行为是指领导者给予下属适当"奖励与避免处罚"作为激励诱因，当下属依领导者指示完成任务时，则可获取报酬以满足其需求。领导者可以经由不同的权变报酬交易过程，达成对下属的激励作用。

例外管理分为积极的例外管理和消极的例外管理。所谓积极的例外管理，是指领导者主动修正下属的错误，让下属知道犯错的根本原因，并且指导员工加以修正，以确保下属达成工作目标。而消极的例外管理是指当领导者与下属共同设定工作标准后，领导者并不试图改变任何工作规则，只留心下属的偏差行为，一旦有偏差行为产生，领导者才给予纠正，并采取权变式的惩罚措施或者其他修正行为。

交易型领导风格与变革型领导风格是一对孪生姐妹，这两种领导行为风格是互补的结构，二者的差异在于领导者与下属互动过程中所交换的价值有所不同。交易型领导者与下属交换的主要是奖励、晋升、福利等物质层面的价值；而变革型领导与下属交换的主要是信任、诚实、公平、责任等精神层面的价值。有效的领导者会兼具变革型和交易型共同的特点。

No.4：家长式领导

该理论源于对华人企业家领导风格的研究。1990年，一些学者通过研究新加坡、中国香港、中国台湾等国家和地区的华人企业主管，发现家长式领导是华人企业中普遍存在的一种领导行为。后来，在此基础上，管理学家提出了一个华人家族企业领导行为的模型，并将这种独特的领导风格定义为"家长式领导"。

根据台湾学者郑伯埙等人的研究，家长式领导行为风格主要包含3个维度，即权威领导、仁慈领导和德行领导。其中，权威领导主要包括专权作风、贬抑下属能力、形象修饰、教诲行为等；仁慈领导主要包括个别照顾、维护面子等；德行领导则主要包括公私分明、以身作则等行为。

针对我国海峡两岸的企业，一些学者对其家长式领导行为的有效性进行了研究。对于家长式领导风格的作用，学者们褒贬不一。多数研究发现，家长式领导中的仁慈领导和德行领导对员工的态度和绩效有积极的影响，而权威领导行为则对员工态度和绩效有时会产生负面的作用。

No.5：参与式领导

这种领导方式的核心，在于领导者注重同下属们分享权力。参与式领导者倾向于将下属视为与自己平等的人，并给予他们足够的尊重。为了使下属及员工做出自主自发的努力以达成目标，他们往往会认真倾听下

属的意见并主动征求他们的看法。在参与式领导者管理的团队中，主要
决策往往由团队成员集体讨论、共同决定，领导者采取鼓励与协助的态
度，并要求下属员工积极参与决策。

参与式领导方式按照下属的参与程度可分为三种不同的类型：
（1）咨询式。领导者在作出决策前会征询下属的意见，但对于下属的
意见，他们往往只是作为自己决策的参考，并非一定要接受。（2）共
识式。领导者鼓励下属对需要决策的问题加以充分讨论，然后由团队成
员共同做出一个大多数人同意的决策。（3）民主式。领导者授予下属
们最后的决策权力，他们在决策中的角色则更像一个各方面意见的收集
者和传递者，主要从事沟通与协调。

No.6：服务型领导

这是一种以员工为中心的领导方式，从更强的道德角度来管理领导与
下属之间的关系。服务型领导的核心在于对他人无私的爱，在制定决策
时会考虑到所有追随者的利益，领导者主动服务下属。服务型领导强调
公平性和公正性，并将其作为实现高绩效组织行为的方法。通过领导者
的谦逊和平易的个性，强烈的道德观念和下属的献身精神，从而激发追
随者加入领导者的团队并以领导为榜样。

服务型领导行为模式主要有：帮助下属发现其内在的精神，即帮助下
属发现他们内在精神的力量以及开发他们的潜能；以信任取得信任，即
通过自己的诚实和守信赢得下属的信任；超越自身利益服务他人，即不
计个人的利益而愿意帮助和指导下属。

以上6种领导风格既有相似之处，又有很大的不同。它们的主要相似

之处在于，每一种领导行为风格的分类都基本上以"人际导向"和"任务导向"为核心，即强调领导者既要关注下属的需要和成长，也要关注目标和任务。这六种领导风格的不同之处在于对领导者与下属之间关系的定位不同。魅力型领导、变革型领导、交易型、家长式领导以"领导者"为中心，强调下属从领导那里接受任务并对领导负责，领导会给予更多的控制和指示。而参与式领导和服务型领导则以"员工"为中心，强调领导者需要更多向下属提供服务、指导和支持，从而帮助下属完成工作。

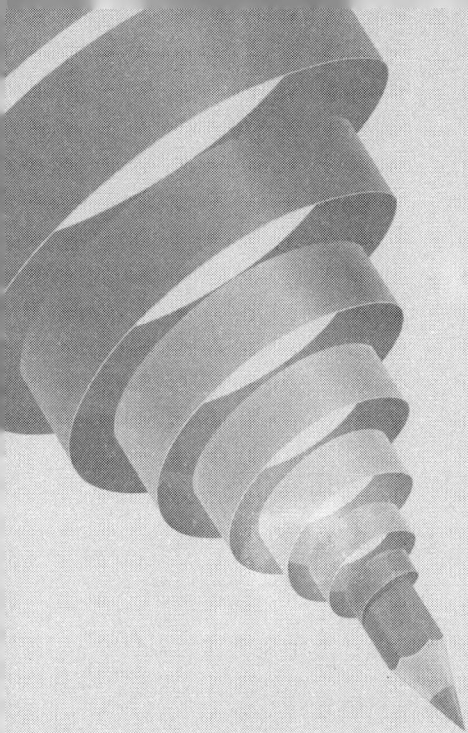

二　微创新：
打动用户心里
最甜的那个点

　　奇虎360董事长周鸿祎在2010年中国互联网大会"网络草根创业与就业论坛"上指出了一个方向:"用户体验的创新是决定互联网应用能否受欢迎的关键因素,这种创新叫'微创新','微创新'引领互联网新的趋势和浪潮。"周鸿祎称:"你的产品可以不完美,但是只要能打动用户心里最甜的那个点,把一个问题解决好,有时候就是四两拨千斤,这种单点突破就叫'微创新'。"

　　非但互联网行业,"微创新"也适合其他所有行业。要做出"微创新",就要像钻进用户的心里,把自己当成一个大妈、大婶那样的普通用户去体验产品。模仿可以照猫画虎,但肯定抓不住用户体验的精髓。

　　"微创新"也符合原来强调的"以用户为中心"理念,或者说是"从群众中来,到群众中去"的思想。你一定不能从自己的角度出发,而是要从用户需要出发。微创新一定要聚焦、专注,不一定把面做得多宽。

　　"微创新"还不意味着就能一炮而红、一招制胜。而是需要持续不断地找用户的点,然后持续地去找用户的需求。

　　做"微创新",很难一招制敌解决战斗,也不能指望做一个产品就名扬天下。这就要求创业者有持续的"微创新"的能力,同时还要有坚韧不拔的精神。

大公司为什么难以创新商业模式？

良好的管理是导致这些企业衰败的原因。那些良好的商业手段，比如把资本和技术集中在当前最高端客户所需求的最大、最能获利的产品之中，最终会削弱大公司的力量。那些真正重要的、突破性的创新——或破坏性技术——开始是因一时派不上用场而被主流客户拒绝的。这可能使一些极其重视客户意见的公司忽略具有重大战略意义的创新。过分地关注客户意见，会使公司不去开拓新市场，也不去寻求未来产品的新用户。

——哈佛商学院著名教授 Clayton M. Christensen

"碎片企业"的平台聚合计划

2012年3月，苹果市值超过5000亿美元，接近微软、惠普和戴尔的市值总和，另一家公司IBM，市值一度达到2070亿美元，比微软高出10亿美元。

为什么排序是苹果第一、IBM第二、微软第三？

微软是一个产品型企业，而IBM一直在调整定位。特别是自2002年彭明盛出任CEO以来，IBM放弃了PC业务，定位为企业软件、服务器和咨询领域的专家，曾经历过生死挣扎的IBM已不再是一家单纯的科技公司，已经成功转型为服务型公司；而苹果表面上只是提供了颠覆性产品，实际上是一个平台型企业。苹果的平台商业模式获得了掠夺性的成功。

英国《经济学人》周刊预测：继IBM刚刚度过自己的百岁生日之后，最有希望再获此殊荣的长寿企业就是苹果，其次是亚马逊和Facebook。这些企业有可能生存100年，甚至更久。因为，这三家企业都属于平台公司。

微软、戴尔和思科都很难成为百年老店，因为它们只是产品型公司。除非进行业务转型，否则也许没到21世纪下半叶，这三家公司就已经不存在了。但技术转型并非易事。微软目前在操作系统领域依然处于领先地位，但在互联网搜索方面落后于谷歌，在智能手机和平板电脑市场不敌苹果，在社交网络领域也无法赶上Facebook和Twitter。

美国故事，也必将在中国上演。因为过去几年，平台已经成为商业模式创新的重要趋势。从产品制造者到平台企业的出现，企业商业模式创新经历了三个阶段：

第一个阶段，侧重研发，丰富产品线；改善工艺，提升制造质量；拓展客户，扩张销售区域，强化品牌。许多企业一辈子停留在这个阶段。

第二个阶段，少数企业脱颖而出，开始注重核心制造，外包一般制造，商业模式包括核心制造＋服务，服务包括技术解决方案和金融等细分服务或价值增值服务，制造型服务企业逐渐向真正的客户价值一端靠拢。

第三个阶段，更少数企业转化为平台企业。

谁在重构商业模式变身平台企业？

我们在考察中，发现一个有趣的现象：产业链的某些环节，总是存在大量的碎片企业。商业模式是利益相关者的交易结构安排。如果某企业创建了一个合理的交易结构，让众多碎片降低交易成本、提高效率、扩大业务规模，就有希望打造一个成功的平台，成为聚合商。

碎片化生存

什么是碎片企业？

中国20多个省份分布着7万多家茶叶企业。但2008年，中国7万多家茶叶企业的茶叶总产值仅300亿元人民币，联合利华旗下的立顿同年茶叶年产值高达230亿元人民币。和立顿相比，中国的茶企就是"一地碎片"！

碎片化供给，主要指某个行业，或者行业的产业链的某个环节，存在大量的中小经营规模企业，集中度很低。这个环节可能不存在少数企业主导市场或独占主导技术的情况，也可能有少数企业在市场竞争中相对占优。例如，机票代理，携程、艺龙、芒果等几家规模较大的公司代理的机票业务合在一起，其市场份额也不过在10%左右。90%的机票代理服务是由6000多家小的机票代理商提供的。这些公司就是典型的碎片化企业。

几乎在所有行业，在不同的产业链环节——研发、配送、制造、服务、营销，都有大量的碎片企业存在。存在方式有以下几种：

1. 服务型碎片。这类碎片是碎片企业中最为多见的类型，如遍布城乡的小餐馆、小旅店、美容美发店、服装店、杂货店、打字复印社、搬家公司等。

2. 制造型碎片。制造型碎片企业通常分两种形态：独立品牌制造商和OEM制造商，这两种形态的区分并不是绝对的，有的OEM制造商，也同时拥有独立品牌。

3. 销售型碎片。销售环节，遍布大量没有品牌或品牌不够响亮的分销商碎片，它们不属于某个大型聚合商，如中关村电脑市场的某个店铺，既卖神舟电脑，也卖联想、惠普、华硕、三星的电脑。

中低档的服务型碎片较难被聚合的一个重要原因，是通过聚合很难创造新的价值。街边的小理发店即使挂上一个全国性的品牌，也不一定能给它增加20%的顾客，而由此增加的管控成本可能远远超过20%。

4. 交易平台型碎片。交易平台就是其本身不提供产品，只为有产品或服务需要销售的企业、个人提供交易场所。遍布各地的农贸市场、古玩市场、杂货市场、步行街、MALL就是实体型的交易平台碎片；众多网上的小型交易网站，如物流信息网、婚恋网、求职网、旧货交易网，则是基于电子商务的交易平台型碎片。

判断一个企业是否是碎片，不完全在于资产、销售规模大小。有些企业规模很大，但仍然是碎片。例如，联想销售收入过千亿元，在中国是一个大企业。但在电脑制造领域，联想更像英特尔的一块碎片。富士康是一个拥有90万人的大集团，但对苹果公司来说，它仍然是一个碎片。

碎片企业的显著特征是商业规则或者标准的服从者、接受者，没有商业交易标准制定权。"碎片化生存"限制了它获得关键资源的能力、优化产品和服务、降低成本提高效率、打通上下游等的方式。那么，这些碎片企业的需求如何被聚合商满足？

聚合碎片：低成本、标准化是王道

让我们来看一个例子，外贸领域70%的外贸订单额来自中小外贸企业的交易。一般来说，大企业有自己独特的通关渠道，而中小企业就比较麻烦，用外贸代理公司来做成本会太高，如果自己做，再小的企业都要走一遍流程，难免增加成本。深圳一达通公司则整合了这些零散的需求，花费9年时间，将整个进出口过程，分解为若干环节，再建立一套系统，对各环节进行标准化处理，建立了"进出口外包服务平台"，通过这个平台集聚多个小订单，形成大订单，依靠规模带来议价能力，一达通则可以从物流、银行赚取差价和返点收益。由于聚合了巨额订单，一达通能将每单的价格降低至千元。

类似一达通这样的聚合商越来越多，如深圳建易网、宝库、阿里巴巴等，它们的成功来自两个核心要素，一是商业模式，二是核心资源。无论是一达通还是阿里巴巴，商业模式的创新总能满足三个条件：

1. 为大量的碎片企业提供标准化服务；

2. 提供的服务一定便宜；

3. 聚合商自己要做到低成本。

归根结底是为了让每位利益相关者获得独特的价值，碎片能够聚合的关键在于这些价值的总和大于原来的价值，包括提高交易价值，降低交易风险，降低交易成本。

优秀的聚合商，除了设计优异的聚合模式，掌控核心资源是另一个关键。核心资源是多方面的，包括专有技术（英特尔的芯片技术）、激励机制和特色文化（华为的狼性）、行业政策（中石油、中移动）等等。有效地使用核心资源，可以帮助企业开拓价值空间，构筑进入障碍，从而摆脱与拦截其他碎片的追踪。

如果企业缺少核心资源，即使拥有较好的商业模式，也不可能成为聚合商。

为什么是平台？

苹果和亚马逊是聚合碎片的平台商业模式典范。

过去几年中，中国的碎片聚合平台也层出不穷，不仅有阿里巴巴这样的综合平台，也有细化到每个品类的锁具网、五金网、中国袜子网等毛细血管式的垂直平台。

它们为什么选择了平台模式？

传统的聚合商业模式有两种：

1. 双边交易中介模式，如传统的邮政系统，银行系统，百货公司，现代的证券投资基金，房地产中介/经纪。

2. 单边聚合模式，包括农业合作社和特许加盟模式，有一方主导聚合。

而现代聚合商业模式主要为平台模式，从交易对象看，平台模式可作如下区分：

1. 双边交易平台模式，例如，各种交易所，包括传统的农村集市，现代的证券交易所。或是互联网双边交易平台，更有效地链接碎片需求和供给。例如，携程，阿里巴巴。

2. 多边交易平台模式，聚合多类碎片需求，提供交易服务、支付、融资、监督等功能，有效聚合产业链很多环节的碎片供给和碎片需求，互联共赢。例如，Facebook，一达通，深圳建易网，淘宝网。

而平台类的商业生态模式，尤其是基于信息技术和互联网的多边交易平台，多为轻资产结构，对资本和资源的要求比较低，可聚合的碎片范围更大，甚至无限。

平台能聚合海量碎片需求和供给，是因为它为利益各方提升了交易价值，降低了交易风险，降低了交易成本。

首先，它提升了交易价值。对终端消费者而言，平台或者提供了多种选择，或者提供了"一站式整体解决方案"，无疑都给消费者带来更高的"交易价值"。

其次，它降低了交易风险。平台规模越大，其吸引到的利益相关者的种类就越多，各利益相关者对平台的依赖性也就越强。与单边市场相比，平台对单独某一个利益相关者的依赖性也就变得更弱，这就有效降低了整个平台的交易风险。

再次，它降低了交易成本。无论是双边交易还是多边交易，交易各方的信任度不够，而平台自身具有的公信力，和交易架构的设计，如保证金制度、筛选制度、第三方监督、信用评估体系等因素大大降低了信任成本。比如京东商城、淘宝商城等企业，就可为碎片交易提供支付和信用保障。

与单边市场相比，平台型商业模式提供了搜索服务，降低了搜寻的成本。在统一平台规则的监督下，减少"讨价还价"和"执行"的操作，降低交易成本。接入平台的碎片企业分摊了多项服务，更容易积累起专业化竞争优势，跟由一个单一企业提供所有服务相比，从长期看，也降低了相互之间的"交易成本"。

对于大多数聚合商来说，多边交易平台的赢利模式更有潜力，巨额用户数量拓展了赢利模式：一是交易佣金、差价的核心收费模式；二是基于庞大用户数的外围赢利模式，如广告、附加服务、流量导出、数据挖掘、承办活动等。

平台的赢利模式里，向谁收费，取决于稀缺性原则。例如，聚合商自己提供的核心服务和附加价值较高，且稀缺，那么服务本身就能收费，如百度的数据挖掘服务、慧聪网的行业分析报告等；平台模式上具有双边效应，以淘宝为例，决定商户数量的，是个人消费者数量的多少，那么消费者是稀缺资源，商户将承担大部分交易成本。

热门微创新企业的8大范本

///

案例 1 快速网络便利店

代表公司：快书包

主要创新点：所有商品保证1小时内送达

核心逻辑：满足城市商圈客户对"快速"的需求。为了满足快速送达的需求，和京东商城、好买网、亚马逊等不同的是，快书包缩短供应链，将城市整体物流配送的能力化整为零，划分为1小时可送达的配送区域。

赢利模式：主要是通过商品的差价挣钱。目前快书包日均订单量为200左右，一个月的流水可以达到一二十万，图书行业的毛利在15%～20%。

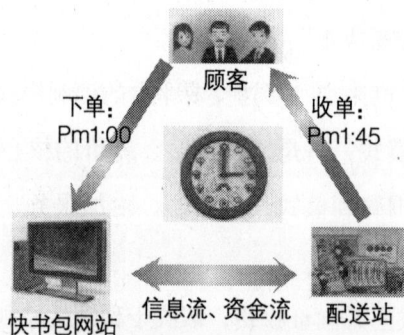

图2 快书包短物流模式

案例简述：快书包有两个特点，一是只做精品图书和少量用户喜爱的小体积生活用品，舍弃长尾市场；二是以"快"作为客户核心体验，在北上广三大中心城市，无论顾客在哪个区，下单后1小时内便可收货。

快书包选择的精品图书大部分为畅销图书，舍弃长尾市场。它的图书有三大类，一是诸如《新华字典》、美食烹饪之类的工具书；一类是韩寒、郭敬明这些80后作家的畅销书；最后便是他们认为值得向城市白领推荐的诸如《读库》、《听几米唱歌》等文学类书籍。除了图书，快书包的商品品类渐渐扩展到写字楼白领喜欢的精致休闲小食品等。

要实现1小时送货上门，除了商品品类选择之外，最为重要的便是物流体系建设。为此，快书包在北京、上海的城区建设了一个个辐射范围为5公里的物流配送站。

值得借鉴的要点：

• 快书包一反众多电子商务的"综合化模式"，关注"窄需求"；

• 可无限复制的轻资产投资结构：整个快书包的投入重点在每个配送站的租金成本和人员薪资，属于典型的轻资产投资；

• 按照写字楼客户的需求对书籍等商品的先期筛选机制，确保商品上架后受顾客喜爱的概率最大；

• 低价策略：视低价为基础竞争优势，敢与当当、卓越等大电商比低价。

点评：

快书包将大物流化整为零为"短物流"，主要的是投入在人，IT上的投入也非常少。在中国，人力成本比较便宜的时候，快书包的商业模式可复制性很强。与快书包类似的模式有优菜网：社区型电子商务，像送牛奶一样送菜。以后快书包可以成为一个小物流平台，不只送自己的商品，也可以送别人的商品。

这种模式对配送员工的要求很高，快书包花了很多精力培训员工。

——汉森世纪供应链管理咨询公司副总经理　黄刚

案例2 网络分享式购物

代表公司: 享客中国

主要创新点: 年轻人集体拼钱购物

核心逻辑: 将目标用户群体定位于在校生和初入职场的上班族,推出新潮时尚的优质产品;采取分享式购物的交易模式,满足了消费者花"小钱"办"大事"的消费模式。

赢利模式: 商家的广告推广费、竞价费用

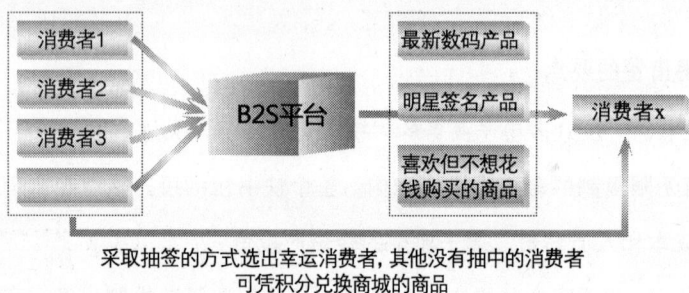

采取抽签的方式选出幸运消费者,其他没有抽中的消费者
可凭积分兑换商城的商品

图3　B2S商业模式示意图

注: 本图来自正略钧策

案例简述: 享客中国是国内首个B2S(business to share)购物网站,采用分享式商务、体验式商务模式,是指有共同兴趣爱好的一群人,通过享客中国平台,选择自己喜欢的商品,每个人通过网上支付很少的一笔费用(比如1块钱),大家累积起来的钱刚好能支付这个商品的价钱,然后从这些人中挑选一个幸运者,由幸运者拥有并体验这款最新潮商品。如果没有被抽中,所支付的每一笔钱(比如1块钱)都会变成等额的积分累积在账户里,以1:1的比例兑换商城里的商品。

很多参与者发现,这是一个既有强烈娱乐性的游戏,又可以有效存取零钱的好地方。

这种商业模式的局限性在于:首先,其体验的商品局限于特殊商品,

如受关注度高的最新数码类产品、明星签名类产品等；其次，该模式还
没有形成比较稳定的赢利模式，能否实现持续的赢利增长，还有待时间
的检验。

值得借鉴的要点：

• 将购物和集体娱乐结合在一起

• 迎合了年轻人的购物需求和娱乐心理

点评：

分享购物的模式，更适合年轻一族，此外，由于商品品类较少，很难通过
商品销售获得规模经济，可考虑与一些大的综合电子商务捆绑式合作，资源互补。

——德天创投首席合伙人　史春明

案例3 社交式电子商务

代表公司： 人人爱购

主要创新点： 社交网络充当导购员

核心逻辑： 消费者在社交网络交流购物经验，影响他人的购物行为。

赢利模式： 与其他购物平台分账、返点，广告。

案例简述： "人人爱购"是人人网推出的长期促销平台，目前主要提
供产品导购功能。首页提供B2C企业展示广告及各类单品促销信息，用户
点击后直接进入合作电商页面进行购买、支付。目前合作商家包括京东
商城、凡客、麦考林、淘宝商城、红孩子、银泰网、好乐买等。

该平台最大的优势在于流量资源，在人人网首页、日志、相册及公共
主页等页面均有入口。

SNS的优势
- 庞大的用户群体, 超高的人气
- 真实可靠的人际关系网

SNS的劣势
- 自身难以赢利, 面临较大的生存压力

电子商务的优势
- 是一种主流的赢利模式, 且增长迅猛
- 应用广泛, 渗透力强

SNS+电子商务, 电子商务+SNS

图4 SNS与电子商务的融合模式

注: 本图来自正略钧策

值得借鉴的要点:

● 消费者在完成购物后可以交流购物体验, 其他人可以在社区里进行反馈, 这种交流和反馈在很大程度上影响着网民的购物行为, 使口碑的力量转变成销售的力量。

点评:

互联网商圈不断进化, 正在形成核心商圈、次级商圈、边际商圈和长尾商圈。但无疑社交网络的人气旺盛, 社交网络将成为互联网商圈的黄金地段和核心商圈。越来越多的零售商应该借助社交网络的"社交图谱"巩固老客户, 增加新顾客流, 最终提高销量。

——富基融通科技有限公司董事长 颜艳春

案例4 农产品直客式生存

代表公司: 上海多利农庄

主要创新点: 有机农业+电子商务+会员制, 直客式压缩中间环节

核心逻辑：利用互联网自建渠道，有机蔬菜自田间收获后，绕开供应链上经纪人、各级代理、零售商等四五个环节，直达餐桌。

赢利模式：传统蔬菜贩运，80%的利润在中间环节，多利自建电子商务和部分物流的方式，节约了这一部分成本。

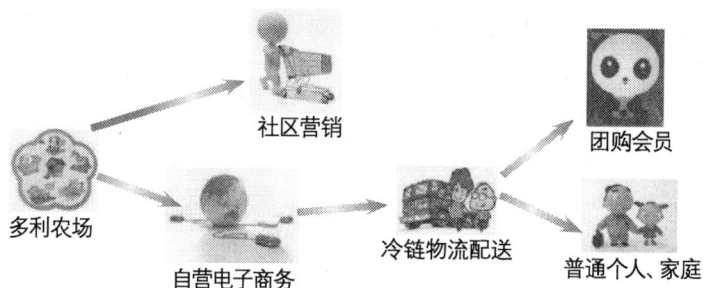

图5 多利农庄的直客式销售模式

案例简述：多利农庄经营之初就确定了"压缩中间环节"的经营原则，并最终选择了直销的方式，采取了会员预售的模式，即会员以月、半年或年度为周期预先付费，打包销售。

多利农庄目前的销售渠道主要集中于三个方向：一是大型的团购会员单位，比如中欧国际工商学院、宝钢、上海证交所、国家会计学院等大型企事业单位客户；二是以礼品卡或者礼券的方式面向普通市民，通过在高端小区举办互动活动等形式来吸纳新的个体和家庭客户；除此之外，还利用官网的电子商务渠道进行直销。目前，在多利的销售总额中，三类渠道分别占据了40%、40%、20%。截至2010年年底，多利农庄拥有超过20个团购会员，约5000个普通会员，基本覆盖了目前的全部产能。

多利引入了日本黑猫雅玛多宅急便物流为合作伙伴，配送半径覆盖了半个上海，蔬菜从采摘到最后配送至会员家中，中间过程不超过24小时。

值得借鉴的要点：

- 自购十余台车辆与物流公司联合运营，每单成本降低至 20 元，配送成本只占整个收入的 15% ~ 18%；
- 采用了针对奢侈品消费人群的礼品营销模式。

点评：

有机农业是可持续发展农业的实践探索，多利借用了其他行业的销售模式与成本控制，有助于它实现快速的可持续增长和扩张。

——青云创投管理合伙人　陈晓平

案例 5 银发产业循环运营

代表公司：亲和源

主要创新点：借力整合养老服务、养老会员和房屋

核心逻辑：养老产业是个可持续发展的产业，亲和源的思路是，搭建好平台，循环运营，达到持续增值的目的。

赢利模式：亲和源收入主要来自两块，一块是每年的会费和各种服务费用，另一块则是房屋的循环销售，这是最核心的。

案例简述：亲和源养老产业项目是一个社区的概念，在养老产业的链条上首先选择的是养老地产和养老服务。

养老服务方面，传统养老机构采用的是将服务项目纳入自我运营的范围中，而亲和源是整合目前市场上专业化程度较高、符合一定服务理念和标准的资源，组成服务平台。亲和源只是供应商的协调者，项目的运营完全是市场化的。把很多专业服务企业"拉下水"，建立起一个相对

庞大完善的服务体系。如专业经营老人社区的美国艾玛客公司、提供餐饮服务的法国索迪斯公司、管理健身康体会所的香港美格菲，以及曙光医院、上海老年大学等都参与了亲和源搭建的服务平台。

养老地产方面，入住老人一次性交会费，通过合同拥有房子的使用权（没有买卖权），这些老人可以通过合同实现房屋使用权的转让、继承。但入住后每年还要缴纳3万~7万元的年费，并支付公用事业费和享受各项服务的费用。他们面向市场发行两种会员卡。银杏A卡，即一次性缴付卡费50万元永久使用并可继承、转让，然后每年支付1.5万~5万元年费（根据房型大小）；银杏B卡，即一次性缴付卡费35万~65万元（根据房型大小）供个人终身使用，然后每年支付2万元年费，如果未住满15年，可以折算到月按比例退回部分入会费用。

如今，亲和源的会员已经达到800余名，住户则有580户左右，可容纳住户约1500户。

点评：

目前在养老模式、管理模式以及服务模式上的创新，是很多养老企业没有解决的难题，但是亲和源做到了。我相信，养老产业的赢利是一个长远的事情。

——挚信资本首席合伙人 李曙君

案例6 核心价值衍生模式

代表公司：云南白药

主要创新点：将云南白药的神奇疗效添加到其他成熟产品中

核心逻辑：白药配方添加到"成熟产品"中，让云南白药神奇疗效在充分竞争的产品市场发挥新效应。

赢利模式: "两翼产品"的销售收入

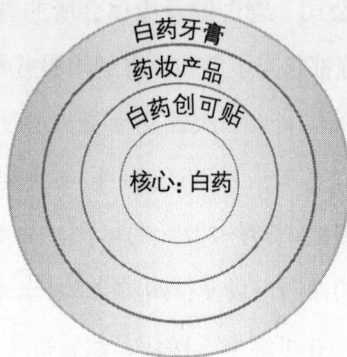

图6 云南白药的核心价值衍生

案例简述: 让云南白药的产品创新有市场价值,就要将保密配方渗透进那些已经被消费者高度认可的产品市场。云南白药摒弃了"核心竞争力"观念,把保密的白药配方变成其他产品的"添加剂"。形成"两翼产品"系列(云南白药膏、白药创可贴、药妆产品、白药牙膏),在这些充分竞争性市场中,重新展现了自身独特的资源价值。

而在竞争策略上,则秉承"以强制强"的策略。云南白药注重的是疗效,把自己的优势与其他企业的全球领先技术结合,达到共同创新产品,开拓新市场的目标。云南白药只做核心技术研发,其他生产则交给行业内最优秀的OEM商。

由于"云南白药"的介入,诸如创可贴这样的市场竞争规则被改变——由纯粹的止血转向治疗层面,颠覆了创可贴等产品传统的竞争模式。

值得借鉴的要点:

• 采用 OEM 的方式降低市场风险

• 与其他企业合作

• 改变价值链的游戏规则

点评：

在全球化竞争时代，一家公司是否能够根据它的核心竞争资源制定战略，是否能够建立起持续性核心资源竞争力，是否能够不断提升公司创新能力，所有这一切问题都可归结到，公司是否能够建立起一套独特的资源整合能力。为此，公司的战略必须努力将其核心资源应用到所有有助于形成产品竞争优势的市场中，或者打入新市场以改善公司资源的市场应用价值。

——长江商学院院长　项兵

案例7 快速嫁接强势企业智慧

代表公司：贝尔信

主要创新点：模仿IBM智慧地球，提出"中国版智慧地球"解决方案

核心逻辑：把握先机，从强势企业的商业模式创新中找到自己的机会

赢利模式：向城市贩卖解决方案

案例简述：智慧地球最早由IBM提出。是指通过信息采集终端形成物联网，然后将"物联网"与现有的互联网、广播电视网、通信网整合起来，实现人类社会与物理系统的智能化整合。但IBM的智慧地球解决方案一直没有实质性的产品落地。

深圳贝尔信公司则发现了其中的商机，依托在视觉识别方面掌握的两项核心技术，一是基于网络传输的视觉的智能行为分析技术，二是基于3DGIS的3D建模和虚拟组网技术，紧随其后推出了"中国版智慧地球"概念。

目前，"中国版智慧地球"的计划才刚实施一年多，贝尔信已和天

津、株洲等近十个城市达成了合作协议，拿下数亿元人民币的大单，部分城市在2011年年初已经进入执行阶段。

值得借鉴的要点：

• 贝尔信早在三年前就开始研发相关技术，借IBM找到了商业模式的突破点。

点评：

论技术，贝尔信并没有占据绝对优势，但是它胜在动手较早，傍大款，迅速改变自己的商业模式。我们看项目的时候，非常看重企业对市场先机把握的嗅觉。

——建银国际投资副总经理　曹玉晖

案例8 引领标准的竞争

代表公司： 美的

主要创新点： 参与制定了国家标准/行业标准152项

核心逻辑： 改变或重新制定标准，掌控以后的游戏规则。

案例简述： 美的集团作为空调健康标准、微波炉蒸标准、小家电能效标准等国家标准/行业标准的发起者或主导起草者，兼国家电风扇等标准化工作组组长单位。"十一五"期间，美的共参与制定修订国家标准/行业标准152项，包括电压力锅的国际标准、主导空调健康标准，又是冰箱"原味保鲜"标准发起者，美的率先抛出了"原味保鲜"理念，并借助原味鲜境界系列全新电脑三循环四温区冰箱新品来打一场"保鲜战役"，宣称只有符合不变味、不串味、无异味的原味标准的冰箱才算是真正意义上的保鲜冰箱。

美的冰箱还以家电下乡产品"十二年免费包修"再竖行业服务新标杆。

同时美的也是洗衣机"整机三年免费包修"服务标准倡导者。改变标准的做法，让美的持续站在了行业趋势的前沿。

点评：

将企业标准升格为行业标准，意味着美的所制定的冰洗服务标准在市场实践和推广应用中产生了较大的影响，并推动了整个家电服务业的升级转型。未来一段时间，家电业的商业模式竞争重点将从市场营销转向售后服务。

——中国家用电器协会秘书长　徐东生

三 错位创新：
超越消费者的
心理期待

所谓"错位理论",就是用超越消费者心理期待的方式错开消费者对品牌原有的心理标杆,从而以额外的惊喜实现消费者的满意。近来年,错位理论在商业模式和赢利模式方面也显示出它的实际价值和意义。

"错位理论"是一种偏重于品牌营销的理论,它的目的在于带来持续的销售,获得实际的利润。它利用顾客对产品的"心理预期"和"产品现实"之间的"错位",巧妙地实现"顾客价值",把现代市场营销苦苦追求的"满足消费者"变成了现实的"消费者满足"。市场营销的过程也就是克服交换障碍的过程,而"错位理论"的价值就在于它创造"顾客价值"的方式,使市场营销的交换过程成为一种使顾客不断获得意外惊喜的愉快过程。"错位"创造了超越顾客"心理预期"的"产品现实"。

错位创新,是以错位理论为指导和核心的一种创新理念,在国内的商业实战中已经得到了诸多应用。

5种错位模式,破解营销难题

当今形势下,企业营销的总体思路是要以创新的思维来发现市场,并树立品牌及成本优势。具体途径为:对内通过营销创新,努力开拓国内

市场；对外则以提高产品及营销手段的知识及技术含量，迎头赶上国际知识经济和绿色经济浪潮，积极参与国际营销竞争。

这不仅要求企业掌握市场营销和社会营销等一级观念，更重要的还应积极导入整合营销、关系营销、信息营销和文化营销等一些次级的营销概念和竞争新观念。

可持续发展观念的产生和兴起，使得企业不再也不可能单纯地以目标市场上的顾客满意为中心，更需注重顾客价值的实现。

我们对近百家中国优势企业营销个案进行研究，梳理了5个典型的最新营销创新模式。

案例 1 病毒营销：创造关系营销新形态

目标问题： 后发企业，如何迅速博取市场眼球，迅速上位？

代表企业： 凡客诚品

核心创新： 利用独创的"凡客体"进行战略性病毒营销。

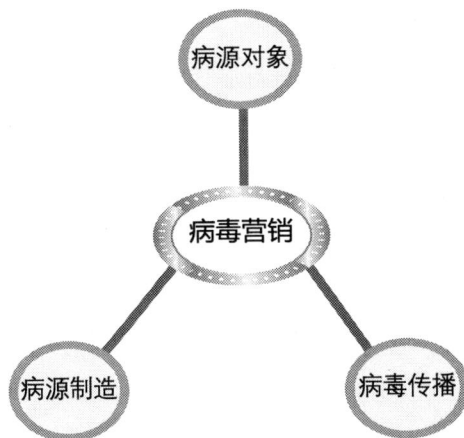

图7 病毒营销形态

解决方案： 凡客诚品的病毒营销体现企业的战略，在契合当今潮流文化中，抓住目标消费群。

在"病源"对象设定上，针对的是80后、90后。新兴消费群个性上虽然具有出位倾向，但消费选择上，属于绝对的"低免疫力"。

在"病源"制造上，采用网络"酷语"，以第一人称广告语，使80后、90后"主动对位"；启用同时代生的明星代言人，进行平民化形象改造，以游戏般的调侃，形成有效"病毒"。

在传播渠道上，通过80后、90后流动性最广的虚实区域，如地铁、户外和互联网等，进行立体式布局。

在整个散播过程中，一方面升级"病毒"，一方面提供低价诱惑产品：从早期个人声明式的"酷语"，演变成"私话"。如明星黄晓明的新广告语："七岁，立志当科学家，长大后……人生即是如此，哪有胜利可言。挺住，意味着一切。"另外，凡客以低价策略博取眼球。如29元T恤、59元帆布鞋等。

凡客2011年销售额增长200%，达60亿元。

凡客的病毒营销正在波及同行。"聚美优品"复制了这一营销策略。它绕过了凡客体式的臃肿的描述，直接打出"我为自己代言"的口号。

借鉴要点：病毒的制造本身不是目的，而是紧紧围绕制造病毒目的展开营销。

风险提示：当手法被对手复制、消费者产生"抗毒"能力的时候，病毒营销将面临突破难题。

案例2 汽车电子商务：争夺新兴消费群

目标问题：如何用最便捷的方法，推动新生品牌销售？

代表企业：吉利汽车

核心创新：将传统线下汽车零售转变为网络销售模式。

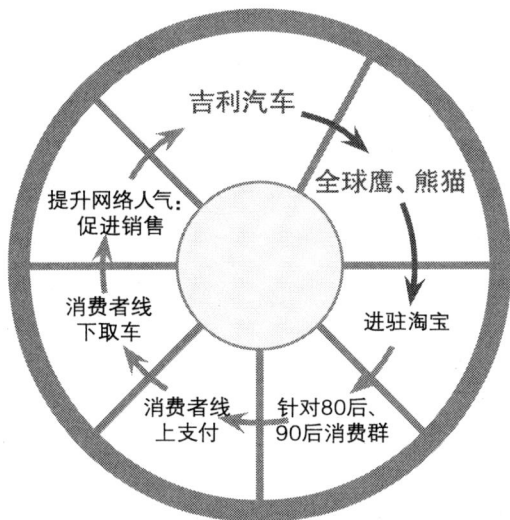

图8　吉利网络销售模式

解决方案：吉利在业内首开汽车电子商务先河，补充传统零售渠道的同时，争夺新兴消费群。

在最新的吉利营销体系上，除了帝豪、英伦继续传统的门店营销渠道之外，全球鹰进入新的营销渠道——淘宝旗舰店。

吉利网上卖车究竟是否不得已？另外，这一全新的营销给消费者和企业带来什么样的利益？

全球鹰是5万元级的汽车，消费对象是收入并不宽裕的新兴消费群，这部分人最敏感的就是价格，如果和竞争对手一起出现在零售市场，来自各地渠道商的利润，以及门店的经营成本要求，实际售卖的价格在各地市场就会不一，影响到销售。

吉利抓住消费心理，通过免费的淘宝网店，首先突出的就是价格不变、价格透明、价格统一，其次，吉利在淘宝上承诺网购可享受与线下销售的同等待遇。比如，一旦出现维修、零配件更换，网上消费者可到线下的实体经销店进行维修与保养。由此，消费者可以安全、放心地通过淘宝购买全球鹰。

从企业角度，吉利针对的是新型的80后消费者，以期培育吉利的新兴用户。目前，全球鹰已经连续6个月突破3500辆以上的销量。吉利甚至考虑未来将帝豪、英伦引入淘宝。

借鉴要点：通过零成本的淘宝B2C，为未来自身发展寻得试验田。

风险提示：对于客户价值理解不透，直接影响到营销模式的创新成功与否。

案例3 双免式体验营销：经营风险换市场

目标问题：如何让已体验过产品的消费者，转变为真实的购买者？

代表企业：创维电子

核心创新：让消费者购物风险趋向于零。

表1 "体验式营销"模式分类

"体验式营销"模式	优点	缺点
付费模式	便利	商家与消费者均承担风险
终端—免费模式	便利	终端数量有限、地理位置局限
创维—双免模式	便利	商家承担风险

解决方案：将顾客选中的产品免费送货上门，让顾客尽情试用，甚至可免费调换或退货，直到满意付费为止。创维的这种"双免营销"，彻底打破传统"体验式营销"的桎梏。

但"双免营销"虽降低了消费者风险，却增加了企业经营风险，创维如何保障"双免营销"的有效经营？

首先，"双免营销"体现的是一种用经营风险换市场的策略，让消费者感受到企业在作"牺牲"，让他们无后顾之忧，增加他们对于品牌的忠诚度，有利扩大市场占有率。

其次，对"双免营销"进行风险控制。与消费者需要签订最长不超过一个月的体验期，且规定试用期间必须保证产品的外观完好。

最后，创维对"双免营销"进行有效的营销管理。比如建立消费者的电子档案库，将每一位曾经购买或试用过创维产品的消费者的资料，存入档案库，如果消费者有更换产品或购买其他产品意向，创维销售人员会以最快的速度上门，根据档案资料为消费者提供最优的可行性试用和购买方案。另外，不仅开通24小时服务热线，而且定期对免费试用产品的消费者进行电话沟通。这样，一方面获得大量的顾客信息，一方面有效监督免费体验产品在消费者手上的整个过程。

通过这一营销模式，创维业绩连续增长。截至2011年6月，前12个月的总营业额达243.39亿港元，比上年增长6.9%。

借鉴要点：免费经济对消费者心理、行为具有强大的吸引力。

风险提示：先试用后付款的营销服务，考验的是企业产品的实力和风险控制能力。

案例4 "新"怀旧营销：创造品牌第二春

目标问题：老品牌如何唤醒消费者记忆，进而争取年轻一代的认同？

代表企业：上海家化

核心创新：利用消费者的情感共鸣，创造"价值收藏"。

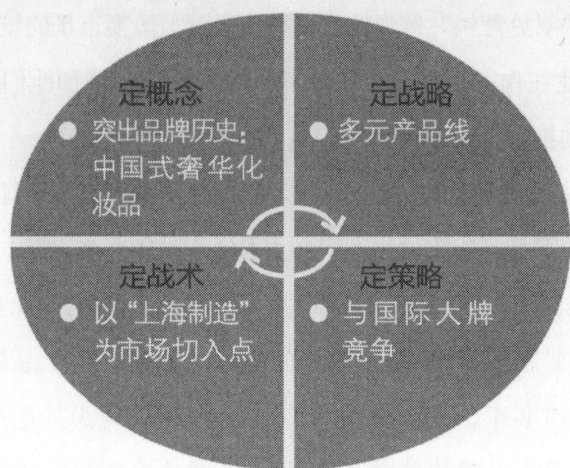

图9　上海家化"新"怀旧营销策略

　　解决方案：怀旧营销并非简单的"坟墓复活"，而是借助老品牌，实施高端品牌战略。

　　上海家化将诞生于该厂 1898年的老品牌——"双妹"化妆品进行复活。该方案的核心在于如何对老品牌重新定概念、定战略、定策略、定战术。

　　概念上，主要突出品牌历史，并给予其应有的战略地位，就是中国式奢华化妆品。

　　战略制定，不仅仅限于化妆品领域，而是使用"高端跨界"的概念，之后还会衍生至鞋包、音乐人产品领域，整个产品线的基调为20世纪30年代整体上海风情的"文艺复兴"。

　　策略上，走高端路线，做奢侈品营销，直接与国际大牌竞争。

　　战术上，借助企业早已成名的"佰草集"现有资源，采取完全独立的品牌运作模式。此外，借鉴"佰草集"海外运作时取得的"部分欧洲消费者抵触中国制造，但对上海制造、上海设计有较高认同度"的反馈意见，以"上海制造"为市场切入点，打造"属于中国上海的高端时尚化妆品"的品牌形象。

双妹品牌目前属于"战略性培养"阶段，但根据过去在"佰草集"上的经验（直至第七年才出现赢利，每年增速超过60%），双妹可成为上海家化中又一个获利来源。

借鉴要点： 恢复一个老品牌同样需要现代战略包装。

风险提示： 新兴的消费者对老品牌的陌生感，仍然需要投入市场教育成本。

案例5 微博营销：让市场成为营销决策者

目标问题： 如何挖掘微博营销深度市场潜力？

代表企业： 去哪儿、春秋航空

核心创新： 通过微博，让关联企业、消费者影响营销决策。

图10　微博影响营销决策

解决方案： 去哪儿和春秋航空，通过在微博，与消费者共同讨论"石家庄—香港的199元往返机票方案"，进行有效的营销联手，为消费者提供了优惠出行机会。

该案例中，如何做话题、如何推广话题，是进行有效营销的核心。

话题营销，首先抓消费者最敏感的内容进行布局。去哪儿和春秋航空讨论的是如何在廉价基础上再优惠，这就触发了消费者的兴趣。

接下来，就是做局。两家企业开始彼此转发"评论"，吸引消费者加入。

最后，就是破局。两家企业给出一个"再优惠"，就是"如果北京消费者愿意去石家庄，接受199元的航空飞行，那么就可以免费巴士接送"。

整个过程就是针对消费者的"优惠"需求心理，进行"满足—不满足—再满足"心理测试。双方企业发挥微博的话题功能，吸引网友们关注与讨论，使得企业信息通过转发、评论，最终取得传播效果的最大化。

消费者在其中，一方面成为营销方案的最终决策者，一方面又成为受益者。两家企业在其中，一方面满足了消费需求，一方面找到新的营销创新渠道。

微博营销远不止此，包括针对如今热门的"秒杀"也可以进行传播。比如企业在微博上挂上"秒杀"网络链接，让众多网友直接通过鼠标点入。

借鉴要点：通过开放的微博互动，挖掘到消费者未知需求。

风险提示：微博的开放性特点，让企业经营行为暴露于公众的监督之下。

美特斯邦威的本土国际化战略

//

ZARA等外来品牌，必须时刻警惕后面的那位"不走寻常路"的竞争者——美特斯邦威。按照全球零售业咨询公司通亚（Access Asia）中国区首席代表保罗·弗伦奇(Paul French)预测："尽管目前ZARA们比较强势，但10年后，中国服装零售市场肯定是本土品牌的天下。"本土品牌会是谁？

保罗·弗伦奇认为，就是美特斯邦威。

美特斯邦威2010年的营收为75亿元，同比增长43.8%，而营业利润同比增长71.4%，达到了9.63亿元。这一增长势头在2011年没有任何减速迹象，一季度已完成20.75亿元的营收，同比增长46.26%，而净利润更以同比增长122.70%的速度，达到了2.03亿元。天相投资给出"增持"评级的理由是：创新营销是品牌持续发展的基石。

天相投资和保罗·弗伦奇的看法一致，美特斯邦威的营业增长动力来自它锐利的创新营销。

美特斯邦威董事长周成建2011年打出了一个营销概念——"新国货"。按照他的解释："立足本土消费需求推陈出新，同时做到国际化。"

重提国货的意义在哪里？这一概念武器在美特斯邦威的品牌价值、消费者诉求和营销环节上如何武装到牙齿？

"新国货"的CET营销

营销的本质就是把产品用有效的手段卖出去。能被使用的伎俩，企业都将视为常规手段，但正因此，营销竞争也就更趋激烈。

现在的企业营销出路究竟在哪里？

周成建这次的切入点是挖掘消费者的国民性。这和营销理论上的"消费者民族中心主义（Consumer Ethnocentrism Tendency，以下简称CET）"几近相似。

CET概念是美国的两位教授——Shimp与Sharma在1987年提出的。其含义是：当消费者面临国产货与外国货选择的时候，会偏爱和更多地购买本土品牌，对外国货则会产生心理抗拒。

两位学者设计出衡量消费者民族中心主义倾向的量表，其中消费者民族中心主义倾向值最小17分，最大119分，分值越大，说明消费者越倾向于购买国产货。根据这一量表，他们测出美国的消费者民族中心主义平均值为61.08。

在中国，学者王海忠也用同样的方法，测出了中国的消费者民族主义倾向平均值为61.22，程度与美国相近。根据研究，王海忠把中国消费者划分为"国货崇尚派"、"国货接受派"和"崇洋派"三个细分市场。

周成建的这一步，不仅是美特斯邦威的企业实践，也将对中国式CET营销理论进行补给。

但王海忠测出61.22分，由于刚过及格线，因此周成建要打"新国货"牌，还面临莫大的阻力。"要实现新国货的目标，我们还有99%的工作要做。"周成建表示。

从"新国货"营销战略上看，美特斯邦威不仅要的是"国货崇尚派"、"国货接受派"，同时也要争取"崇洋派"的回归。

"新国货"的系统营销

美特斯邦威的"新国货"概念成功与否有待观察。不过，同以往制造营销概念一样，美特斯邦威这次也精心设计了系统营销。

● 借MTEE之手，推行"新国货"

MTEE是美特斯邦威的英文Meters Bonwe T-shirt的缩写，是2010年诞生的一个新品牌，定位于文化、创意。第二季发布会是2011年3月。

在产品设计上，包括新国货、圣斗士星矢、摄影师、功夫熊猫、植物大战僵尸、威尼斯FUTURE PASS艺术展、变形金刚等主题系列，其中犹以"新国货"系列最为核心，包含两个主题：80怀旧主题和上海电影制片厂经典动画主题。

在广告形象上，除了过去的周杰伦依然如旧，还增加了另7位不同年龄、性别的代言人，周成建居然是其中之一。

"这年头儿当老板的也得才色双全，又卖身又卖艺，不容易啊。"周成建在微博上这样调侃自己。事实上，这不是周成建第一次当"模特儿"做代言人，早在2007年，他曾免费给浙江大学EMBA 2007年秋季班招生做过代言。

如果说虚拟经营、进驻上海、上市是美特斯邦威企业史的三大里程碑，那么这次借MTEE之手，宣布全线产品转向"新国货"价值主张，就是美特斯邦威第四个里程碑。

"新国货"之于美特斯邦威，除了宣扬国民消费意识之外，另一个重要的因素是对美特斯邦威服饰风格再定位。

美特斯邦威一年超过1.5亿的服饰销量，数据每年还在递增，但周成建忧虑的是，美特斯邦威过去重视消费者需求，并根据已知需求设计大供应量，虽形成繁华局面，却没有成为一眼辨识的"中国风格"，因此通过"新国货"概念，为企业产品下一步发展，提出战略升级。

把"新国货"概念传播出去，借以推动消费市场，是美特斯邦威的营销策略。

美特斯邦威要扮演与新一代消费群的沟通者。美特斯邦威的做法是，除了常规媒介合作之外，利用互联网的广度覆盖+深度体验结合，形成层次化的组合策略：

一是与SNS网站——人人网合作，共推"新国货"运动。从效果上看，活动上线10小时即有400万美特斯邦威粉丝表示"支持新国货"，这一数据刷新了人人网此前的所有活动数据。

二是在EPR(Electronic Public Relation，即网络公关)层面，通过官方微博与粉丝互动，探讨"新国货"。在新浪微博上开展"发新国货宣言赢新国货徽章"活动，2个月呈现20万优质新国货宣言。

三是在传统媒介，进行软投入，探讨"国货"历史、演变和今天的消费者民族中心倾向。

四是对80后、90后一代偶像周杰伦形象广告中的信息进行"病毒营销"。把"新国货"文字进行倒置，变为"国货+新"，强化核心诉求。

五是在城市枢纽线上，突出周成建的广告。"老板自己出来说'新国货'，更代表美特斯邦威的决心！"周成建话语坚定。

● 借《变形金刚》，植入"新国货"

作为"新国货"载体的MTEE，2011年在美特斯邦威旗下独领风骚。

在《变形金刚3》中，MTEE被穿在男主角身上，镜头给出了5分钟。看起来，美国大片开始认识到中国制造的力量。

其实，早在《变形金刚2》中，美特斯邦威的LOGO就已经出现在影片中。

对于美特斯邦威的这次植入营销究竟付出多少成本，周成建没有透露。但他承认，由于MTEE品牌刚刚诞生，很多消费者认知还不高，这次过早植入，中国消费者大多通过电影插片广告、外部报道才知道美特斯邦威的这次营销。"或许《变形金刚》再拍第4集时，MTEE已经被高度认同了。"周成建表示。

MTEE与《变形金刚3》的合作如何体现 "新国货"，是这次植入营销的关键：

文化植入：在设计图案上，美特斯邦威为MTEE选用了九宫格图案。九宫格看似一个在欧美流行的数独图案，但它却源自中国传统文化。相传，中国古人从大自然的变化中，体悟出九个格位，皆有其独特的机会点，故将其命名为九宫格。

条件约定：在植入的过程上，美特斯邦威提出了两个有限条件。其一，要有主要演员穿美特斯邦威的"MTEE"T恤，并有完整镜头；其二，镜头里的"MTEE"T恤不能弄破、弄脏，不能出现在打斗场面，整个镜头干净、和平。

事后传播：在《变形金刚3》中国首映的次日，美特斯邦威在各大媒体、微博上进行软文公关，并大打"MTEE"T恤广告。

周成建表示，这次通过MTEE既是美特斯邦威的品牌输出，也是代表中国制造的"新国货"诠释。但是，这次被捆绑上美国大片的"MTEE"九宫格T恤是否会被炒高价格？

现实是，这件款号为208020的"MTEE"九宫格T恤只卖89元，几乎和美特斯邦威其他T恤价格相等。周成建并不想搞噱头暴利，他表示："新国货较宽泛的解释，就是能赢得消费者信赖的产品。"

周成建这次推行的"新国货"，是对营销理论的重大突破，"新国货"概念营销，不是为了让消费者在国产货与外国货选择中面临尴尬，而是在当下消费升级的大趋势下，对社会结构、文化形态、人群情感的新思考和商业周期的经营。

点评：

如果只是重提国货，我觉得意义不大。时代在改变。我们说到今天的商业设计、设计师的作品可以诱发购买，这是企业聘用设计师的目的。但这种设计最终的目的可能是带动一种消费观念，提供一种生活方式。

——香港著名设计师　陈幼坚

凡客革命：独特营销与极致体验

//

互联网快时尚品牌凡客诚品（VANCL）从来不忌讳承认，它的模式始于模仿国内曾经名噪一时的男装B2C网站PPG。今天，PPG已销声匿迹，成为互联网江湖中折戟沉沙的一大反面教材。而凡客却晋升为互联网新贵，集万千风投与忠实用户的宠爱于一身。

成立至今不过三年，以网上售卖服饰为主的凡客，在2009年实现了5亿元的收入，2010年更是达到20亿元，增长率每年高达300%。成立之初，从一天仅接到十多件衣服的订单，到今天日出货量达十万多件，许多款式的衣服经常卖到断货的光景，凡客从诞生之始，就带着不凡气质。

B2C自主品牌

与时下电子商务网站淘宝、卓越、京东等截然不同的是，凡客所卖的衣服、鞋子、床上用品等产品全是凡客品牌的。其他电子商务公司销售他人品牌产品，俨然是百货商场式的线上平台商。凡客作为一个新的商业模式在摸索，它介入到平台上售卖的所有产品的规划、设计、生产中去，做自有品牌，并将产品定位于平民化的快时尚，瞄准普通大众群体。

作为一个自有品牌的B2C公司，凡客第一个要思考的是如何让用户找到自己，其次是如何建立一个让人信任的品牌形象。前车之鉴的PPG大肆砸钱电视广告和平面媒体的做法，最终导致了资金链的断裂和公司破产。作为后来者的凡客，做了自己独特的创新，并大获成功。

立体的营销创新

创立之初，陈年放弃与传统媒体的合作，将凡客的营销战场定位在互联网。而即便是互联网，各大门户网站的广告投入依然是刚成立的凡客所无法承担的。凡客开始大规模采取和网络媒体分账的模式——凡客不支付任何广告费用，将广告悬挂在国内大大小小的网站上，通过网络技术追踪订单来源，当发生实际交易时，凡客再按照约定的比例和网站分账。据了解，凡客的分账比例在业内是比较高的，在15%～18%。

对于新浪等强势门户网站（它们一般不与广告商分账），凡客采取打包合作的方式。在门户的重要位置（例如首页）投放广告，在其他频道则采取分账方式。如今，凡客合作的网站已达到了20000多家，凡客的网站广告成为互联网一道强大的气旋，席卷了众多网络用户。这种营销模式，为成长之初羸弱的凡客立下了汗马功劳。

当然，这并非是一成不变的，凡客的广告投放和营销策略一直在不断的创新及调整之中，在不同媒介、不同传播手段中的营销呈现出因时而异的特点。

2010年6月，凡客高调邀请韩寒、王珞丹出任品牌代言，在北京、上海等一线城市的公交、地铁投入巨量的平面广告。人气王韩寒作为80后的标签，号召了大批年轻拥趸；青春清新、健康自我的新星王珞丹，也让凡客快时尚的品牌形象迸发活力。

最为亮丽的一笔，是它具有浓重草根基调且易于复制、模仿的广告文案，"爱××，爱××，也爱××，我不是××，我是××"，这种被称为"凡客体"的文案迅速像病毒一样风靡线上线下，网民套用其文案对热点人物和事件进行再创作，极尽调侃和娱乐之能事。"凡客体"的传播让许多人认识了凡客。

严格的费用控制、成功的营销创新，作为互联网企业的凡客，线上线下精准发力，在公众头脑中建立了全面立体的形象，加深了品牌认知，也让人们愿意去行动起来。

表2　高成长企业的创新特征

特征	具体表现	具体案例
善于设计商业模式	对客户价值主张、赢利模式、关键资源和关键流程等要素具有超强的辨识力，并能为企业聚拢各方资源，设计稳固的模式	探路者，采用"轻资产"的连锁加盟制度，致力于价值链中附加值最高的设计、品牌运营、订单处理、销售渠道等，制造外包
重视客户体验	更加关注客户的实质需求，不惜代价追求打破行业水平的极致客户体验，谋求极速地占领市场份额，获取品牌信任	凡客诚品，扒出当面验货、当面试穿、30天无条件退换货等体验式服务，用接近成本甚至亏损的价格销售分部单品
追求营销创新	通过改变营销手段、传播媒介和独特策划攻坚终端消费者心理，取得出色的营销效果，善于利用精巧的营销设计打造品牌形象	匹克体育，签约12名NBA球星，与FIBA达成战略合作，抢占两大篮球赛事资源制高点，建立和江苏卫视的新营销战略合作，举办匹克挑战赛
专注需求缝隙	找到用户主流需求之外的缝隙市场，将一个点上的次需求，深拼细作为用户的强大惯性行为	奇虎360，从查杀流氓软件到兼具杀毒、优化、防火墙等综合功能的电脑管理终端平台，其起点正是抓住了一个次需求的裂变力量
抓小众市场	瞄准小众趋势，为特定群体提供个性化服务，获取高附加值的回报，以及较高的客户忠诚度	立思辰，定位于政府机构和大型企业的办公外包生意，立思辰为这些大客户提升经营效率、降低成本，从而取得调整增长

极致客户体验

凡客对客户体验的推崇是极致的，它一层层地剥掉用户在网购中存在的各种顾忌。除了推出货到付款、满59元免运费、30天无条件退换货等，凡客更是创造性地推出了当面验货、当面试穿的体验式服务。当收到凡客的产品时，可以在快递员面前验货和试穿，满意才收货。

陈年说："这些网购体验、售后服务提升的措施，凡客视为一种对企业品牌的投入，体验式服务做得越好，用户越容易信任你。"凡客的二次购买率高达50%以上，这比电子商务企业平均的二次购买率高出2倍多。

客户良好的购物体验，当然还来自凡客的低价策略。9元的丝袜、29元的T恤、59元的帆布鞋，这种接近成本甚至亏损的价格让业界为之震惊。因此也引来了大片"赔本赚吆喝"的质疑声，陈年认为，丝袜、T恤、帆布鞋是凡客的主打单品，低价策略目的在于培养潜在用户、提升知名度。当前十万多件的日销量中，主打单品的销售占到30%~40%，而更多的销售是因此被大大带动起来的其他产品。长期来看，凡客当然不会赔钱！

凡客承认，这些创造式的体验服务为当前公司的运营带来了几乎20%成本的提升，但凡客的市场份额却在急速扩大。市场份额重于利润，这或许是世界上任何一个互联网公司都意识到的问题。凡客无疑是认识更深刻并付诸创造性行动的企业之一。

创新继续出发

无论是开发设计平台、推出POS机刷卡服务，还是和第三方代工厂的合作管理、自建物流仓储系统，凡客始终在快时尚的路上不断摸索和创新。陈年说，作为一个全新的B2C企业，凡客没有可以参考的对象，只能对客户的需求做不断的摸索。

有一天，凡客的客户体验会做到，当一个客户收到货物时，只要向凡客发送不合适的信息，即使该货物还没有回到库房，凡客也能马上给用户寄送合适颜色、尺码的产品。到那时，凡客的客户体验才算是做到极致。

虽然凡客直至今天依然是不挣钱的，但不妨碍它被业界估值为一个超过10亿美元价值的互联网企业，并获得了启明投资、老虎基金等风投共4轮超过1亿美元的热捧。陈年很牛气地表示，这足够凡客去打3年至5年的大仗。他说，凡客的赢利并不遥远。

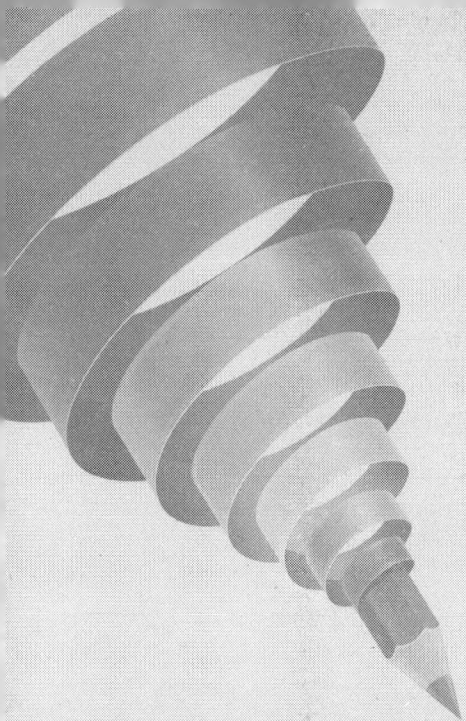

四 越位创新：
重构商业模式的逻辑

这是一个资本运营的时代。资本催生出企业运营方式的巨变，也催生出企业在产品和管理方面大量的创新。资本运营的关键点在于资本驱动商业模式的重构与创新。

4个步骤，设计高效的商业模式
///

商业模式，是利益相关者的交易结构。这个定义有两层意思：

第一层意思，利益相关者不但存在于以往产业价值链分析的环节，还可以往两方面拓展。

首先，往外面拓展，跨行业、跨商业生态的合作伙伴、客户等，也可以是利益相关者。以苹果iPhone为例，它的商业模式中，利益相关者包括了唱片公司、信用卡公司、第三方软件开发商等，这些是以往的手机产业没有的。

其次，往内部拓展，一些独立性（有独立输入和独立输出，能独立核算价值）较高的组件也是可以分离出来作为利益相关者的。以前作为企业内部的软件部门、物流部门、人力资源部门、会计部门等都可以成为单独的企业。例如，现在提倡一个概念，叫开放式平台，于是就有了独立第三方软件开发商，就有为独立第三方软件开发商做培训、做营销、做设计的公司等等。

未来，不但互联网是云计算，事实上，任何公司都可以是"云公司"，因为公司的本质实际上是一个动态合约，可以随时建立，随时解散，随时改变交易结构，那将意味着新的商业纪元的到来。

第二层意思，一个交易结构要成立，需要参与的各个利益相关者能得到比参与其他交易结构更大的利益，换言之，要让利益相关者获得超过机会成本的收益。这就涉及在设计商业模式时该如何对价值空间进行创造与保护。

所谓价值空间，等于交易价值减去交易成本。价值空间再减去各个利益相关者内部运营管理的货币成本之后就是价值创造。因此，价值创造等于所有利益相关者的剩余之和，如果某利益相关者是企业，剩余就是该企业的企业价值。

简化起见，我们把价值空间最大化作为商业模式设计的目标。具体来说，可分为四个步骤。

第一个步骤，计算整个市场的交易价值总量。这里所谓的市场，实际上包含了所有能够涉及的利益相关者的市场总和。例如，零售企业在计算交易价值总量的时候，应包括与商业地产商交易的价值。有的还需要设计新的利益相关者，例如，以前手机和电脑在软件上存在两级：操作系统和应用软件。现在则有的增加了浏览器，并有通过浏览器把持互联网入口的战略目标。那么，浏览器上面有关下载、搜索、导航等服务的交易价值就需要计算在内。

第二个步骤，配置交易内容，使交易成本和交易风险最小化。由于涉及的环节非常多，利益相关者相互之间搜寻、讨价还价和执行的成本将有可能非常高。这个步骤的目标就是更方便达成交易契约，并降低执行的交易风险。

应该把交易内容配置给能够把交易价值最大化的利益相关者,并通过赢利模式的设计做适当的激励。例如,如果一个连锁店能否做好的关键在于店址和店长,那么,让店长获得较大的分成收益或者全部的剩余收益是合适的,但为了降低店长被挖角、导致"人店两空"的风险,总部可以跟店面业主签订长期租赁合约,再转租给店长,做二房东。这样,店长得到了店的经营实体,在剩余收益的激励下得到了全力施展的舞台,但店面带不走,租赁权在总部,所有权在业主,店长只有经营权。

第三个步骤,保护价值空间。只要是商业世界,就存在血淋淋的竞争。要让竞争对手无法攻破交易结构的堡垒,让后来者无法模仿,焦点企业必须至少做到以下两件事情中的一件:

第一件,拥有独特的资源能力,而这个资源能力是交易结构不可或缺的关键点。例如独门技术、独家经营权、大油田、大规模的门店等等。

第二件,商业模式具有不断升级的特质,永远先行一步,并做好起步的保密工作,"悄悄地进村,打枪的不要"。这样一来,当竞争对手跟上第一步时,你已经走到了第二步;他跟到第二步,你已经到了第三步甚至第四步,由于环环相扣,后一步建立在前一步的基础之上,这样一来,后来者就很难追赶。

第四个步骤,最大化焦点企业的企业价值。前面三步的做法都是为了做大整个蛋糕,最后一步则是为了让焦点企业切到最大的一块蛋糕。市场总体交易价值可能非常庞大,但焦点企业只能做其中若干个环节,但这并不意味着焦点企业只能获得这些环节的价值。事实上,焦点企业可以利用很多种方式去分享其他环节的价值。例如"软一体化",做所有价值环节的组织者,特别是当这些环节资源充沛,需要整合定标准的时候，大家熟知的香港利丰集团、金风科技等均是其中典范。例如"执一端而制全局"，在某个环节做到极致，然后让其他环节汇集到焦点企业周围，焦点企业可以抽取最高的剩余，让其他环节只获得平均的利润空间。

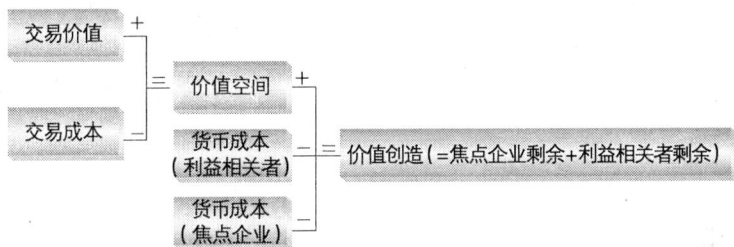

图11　商业模式设计的逻辑

经过以上四个步骤，基本上就可以设计出一个完整、缜密、高效率、高企业价值的商业模式了。

战略创新就是发现未来的金矿

曾接连发生"N连跳"的富士康，一直都被冠以"血汗工厂"的恶名，但除了代工之外，富士康还有很多不为人熟知的战略业务，它完整的面目到底是什么？当你发现越来越多的人把手机号码更换为186时，一直被移动压制的联通明显更加强势了，它仅仅靠成熟的3G技术做到这点的吗？当神州数码走到第十年时，它的营收已经做到600多亿元，第三个五年发展，神码目标是突破千亿，传统IT分销能承载"再造一个神码"的使命吗，它靠什么实现？在非常传统的鼓风机行业，百分之八九十的企业都已倒闭，为何陕鼓却越做越大，联想、复星等竞相投资？

答案，就在以下的战略创新实践中。2010～2011年，从这个新旧交替的阶段开始，未来的五年，国家经济结构要调整，增长方式要转变，企业也要从战略上谋划未来发展方向，找到新的增长点——不是短期的，而是可持续的战略增长点。我们推荐的每种战略创新，背后都代表一种方向选择，一种探索和借鉴。

案例 1 代工以外的富士康产业帝国

主要创新点：地产横向战略、多产业链运营

核心逻辑：通过多产业布局，寻求集团未来利润爆发点。通过工业用地形成工业地产、住宅与商业地产的综合体，通过零售体系构筑集团商业地产，形成底子雄厚的地产板块；在富士康的优势领域——6C市场，并不停留在单一的环节上，而是打通整个产业的上下游，成为整个行业的"总承包商"，从设计、工艺、制造到销售，从昔日的代工大王转型，构建一个集电子商务、现代物流及科技服务于一体的新商业帝国。

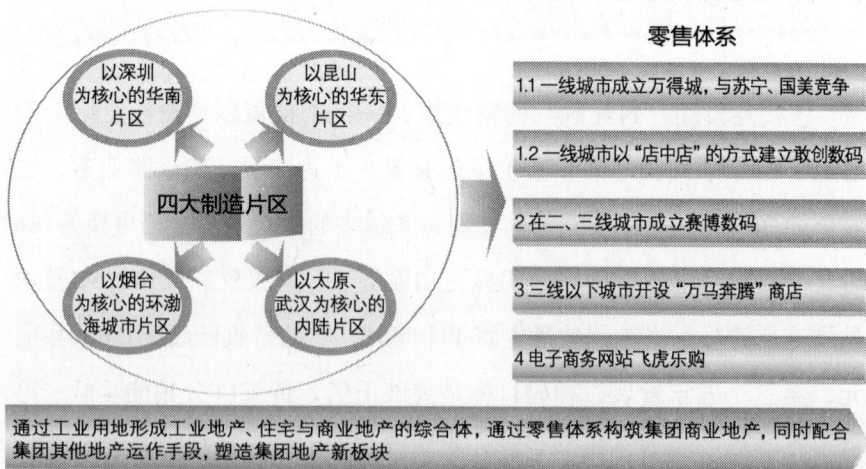

四大制造片区
- 以深圳为核心的华南片区
- 以昆山为核心的华东片区
- 以烟台为核心的环渤海城市片区
- 以太原、武汉为核心的内陆片区

零售体系
- 1.1 一线城市成立万得城，与苏宁、国美竞争
- 1.2 一线城市以"店中店"的方式建立敢创数码
- 2 在二、三线城市成立赛博数码
- 3 三线以下城市开设"万马奔腾"商店
- 4 电子商务网站飞虎乐购

通过工业用地形成工业地产、住宅与商业地产的综合体，通过零售体系构筑集团商业地产，同时配合集团其他地产运作手段，塑造集团地产新板块

图12 富士康的地产战略与零售体系

创新概述：代工之外，富士康还在太阳能、环保、生物医疗、新一代移动通信等领域进行了布局。富士康在内地的子公司已达到至少80家，在工业生产投资的过程中，富士康逐渐获得了大量工业用地，而这些土地往往无须经过"招拍挂"程序，低价拿下，可以工业园项目捆绑住宅、商业地产，进行商业运作。富士康俨然成为一个隐形地产巨头。

同时，富士康还在其6C产业中的零售渠道、电子商务、物流等上下游狂飙突进。与德国麦德龙成立合资公司万得城，介入家电连锁市场，在一线城市与国美、苏宁竞争；进驻大润发、家乐福等大型卖场，以"店中店"的方式建立3C产品销售店敢创数码，主要布点于江浙地区；在二、三线城市开设IT卖场赛博数码。在各地IT产品集散地的核心区域建设一种全新业态，从创意到设计，从研发制造到展示销售，涵盖IT产品产业链的全过程；还有覆盖三线以下城市的"万马奔腾"商店，直营店由富士康寻找外部人员负责管理，"富归店"由老员工返乡开设，"社盟店"则允许品牌专卖店直接加盟。在建立零售渠道的同时，这些小型门店也将成为富士康的维修点和物流配送点；最后是电子商务网站飞虎乐购，主营3C类产品。

挑战与风险：进入多个产业领域，打通全产业链，内部管理压力巨大；集团文化再造面临困境，管理人员需要面临不同产业的、不同文化的理念，最明显的是从制造到零售观念的转变，以及从精细化管理到服务意识的转化；而且，开店规模过大，如万马奔腾平均每月278家新店计划，将使富士康面临较大的扩张风险。

案例2 优衣派的商帮式联盟

主要创新点：商帮式联盟式发展，凝聚资源聚合优势

核心逻辑： 面对自身资源分散与外部环境恶化的现实状况，以商会为牵头人，以强势企业为核心，组成分层形战略联盟，构建利益共同体，形成互补性利益关系。通过体量上质的变化形成规模优势，获取政府与银行支持，解决资金等发展难题，同时通过"生产+虚拟"的联合方式耦合单体优势，形成变形金刚效应。

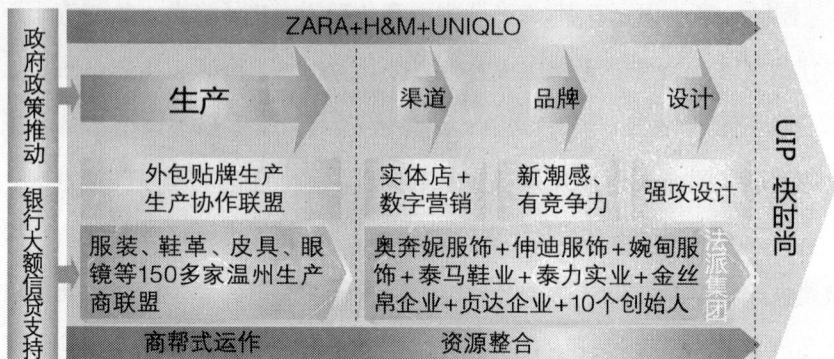

图13　优衣派的战略联盟示意图

创新概述： 对于缺乏显著竞争力的中小企业而言，要应对当今复杂多变的商业环境，尤其是面对强大的外部竞争时，如何将自身零散的资源与薄弱的竞争力进行放大？如何打破生产制造的魔咒，将自身由产业链的最低端提升到产业价值的高端？

优衣派与著名服装品牌优衣库仅一字之差，2009年11月，在温州商会牵头下，由法派集团主导，联合奥奔妮、伸迪等8家企业和10名创始人形成核心联盟，此外还联合鞋革、皮具、眼镜等行业的150多家温州企业作为产品联盟协作单位。在此次联合中，优衣派汲取了"瓯派联"的经验教训，主要在以下三个方面形成突破：

一是组成雁阵型联盟结构。法派在优衣派战略雁阵的头部，占股比34%，8家核心企业及外围联盟合作生产厂商，依据实力与贡献大小形成不同层级。对外，联盟一致行动，形成抱团效应；对内，各个生产厂商之间的资源进行互享共用。所有生产商可以在订单保证、银行信用贷款等方面享受联盟政策，形成以产销为纽带的共同利益链。

二是走"生产+虚拟"的联合之路。统一产品设计、形象包装、品牌营销等，实体店+数字化营销，既进行实体店的大范围铺设，又进行邮购、网购等数字化、立体化的营销，同时联盟企业为优衣派负责贴牌生产。

三是通过形成联盟获得政府和银行支持，获取信贷支持。建行温州分行等五家银行联合向优衣派及其供应商授信，意向授信额度高达46亿元，只要是优衣派确认的供应商，便可以直接从银行得到大小不等的信用额度。

优衣派是国际金融危机大背景下的产物，是温州服装产业进入"强强联合，以大带小"时代的标志，是商帮经济生态式联合的又一成果。

挑战与风险：联盟企业间如何形成公平的利益分割机制，让全体成员共同分享联盟成功的果实；如何协调企业运营各个关键环节，有效发挥集团的变形金刚效应；如何应对形成有效的决策机制，以有效联合联盟企业。

案例3 万达"掐尖"战略

主要创新点：大手笔圈积优质稀缺旅游资源，获取掐尖效应

核心逻辑：以人造经济为核心，通过构筑高规格的战略联盟，进行全国性谋划布局，战略构建地方政府政绩综合体，给地方政府一个不可回绝的发展机遇，从而廉价获取优质旅游资源。通过集团订单式基因的移植，以我为主，整合全产业链，加速资本流动，放大自我经济效益。

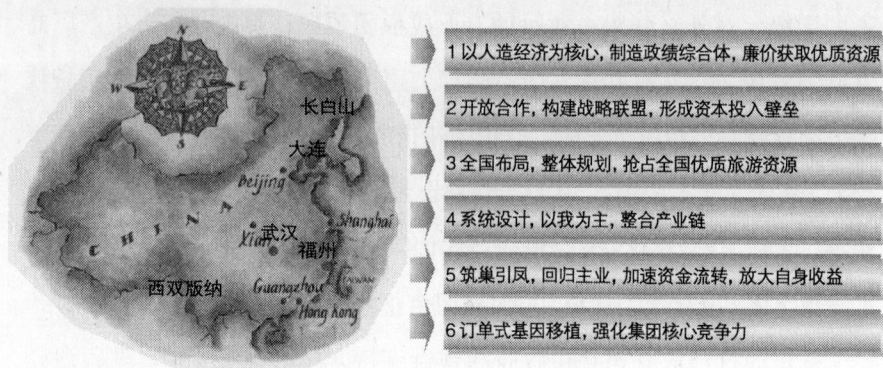

图14　万达旅游地产六大核心措施

创新概述： 2011年7月16日，万达投资500亿元的武汉中央文化区展示中心正式亮相。此前，万达还投资了多个百亿元级别旅游项目，譬如占地21平方公里、拟投资200亿元的长白山国际旅游度假区。占地6.5平方公里，拟投资200亿～300亿元的福州琅岐岛国际旅游度假区。占地9.5平方公里，拟投资500亿元的大连金石国际旅游度假区等，每个项目均属大手笔。

在整个旅游地产战略中，对优质稀缺旅游资源的强势获取——"掐尖"，成为万达旅游地产战略的核心。而所需要资金，由万达领衔的投资联合体共同投入，成员包括万达、泛海、亿利资源、一方、用友和联想等。万达占到51%，其他几家共49%。

在旅游地产项目开发中，万达有几大特点：一是土地整体获取，分段开发，部分地块引进中小投资者，快速回笼资金；二是先进行基础设施开发和核心地块项目开发，吸引二级开发商；三是以土地合作开发的模式吸引中小型开发商，来推动项目的快速建设和利润快速回报；四是掌控商业地产核心资源，形成项目的长期回报。

在旅游地产项目中，万达通过系统设计，采用自我经营与引入战略合作伙伴两种方式并行运作，以我为主打造旅游地产产业链，在增强自我收益的同时，强化对产业链的控制力。由万达的业务单元经营每个度假区中的主题公园、五星级酒店群、剧院、演艺中心等模块，其中主题公园则引进国外的设计力量和其他运营主体。

挑战与风险：未来潜在进入者会使优质旅游项目激烈竞争；项目高投入下的资金链管理；大面积开发下的土地有序管理；统一的招商管理与项目管理，以及项目专业人才的储备；如何与万达原有产业形成有效互动。

案例 4 民生银行的微金融

主要创新点：准确抓住小微企业这个长尾，创新产品和风控体系

核心逻辑：破除"报表崇拜"和"抵押物崇拜"的迷信，灵活利用市场长尾，将市场中大量存在的小型微利企业进行综合业务管理，实现零售业务批发化，大大降低人工成本；通过内外部资源整合，实现规模化、规范化、流程化和标准化的运作；依据"大数法则"和"收益覆盖风险"的原则确定风险和价格。

创新概述：中小企业融资难，小型微利企业融资更难，但民生银行开发的针对小微企业的贷款产品，目前贷款余额已超过2000亿元，累计超过3500亿元，不良贷款率不到1‰。民生是如何破解小微企业融资难的问题，同时控制自身风险的呢？

小微企业的信贷需求有"期限短、金额小、频度高、需求急"的特点，更类似于零售贷款，如果按照大公司贷款进行审核，银行很难从财务报表上看清小微企业的真实情况。但民生银行确定一点，虽然有风险，不过小微企业大多在民生行业，风险比大公司小，造成的损

失也较小。

民生服务小微企业的做法，没有照搬大企业信贷那一套，而是做零售业务批发，依据"大数法则"和"收益覆盖风险"确定风险和价格，形成针对不同行业的授信标准，多角度考察小微企业信贷资格。

在具体做法上民生也有很多创新，利用一圈两链，比如从中关村海龙这样的商圈，从供应链和产业链扩展到散户。初次申请，三天答复，二次申请，一天答复，信用客户，三天放款。

挑战与风险：在国内小微企业生存环境严峻的当下，如何有效控制风险是当前的一大难题；如何建立成熟的商业模式，实现"价格覆盖风险"是民生银行必须解决的问题；同时要构建竞争壁垒，避免被其他银行模仿。

案例5 联通的捆绑战略

主要创新点：利用多种异业联盟，放大3G优势，抢夺大量高端用户

核心逻辑：把握趋势，集中企业所有优势资源，构建3G全新品牌，并与传统2G品牌进行区隔，改变企业形象。通过异业联盟，绑定智能终端，并形成终端的多级制度，影响并抢夺对手的高端客户，逐步建立在3G领域的优势地位。

创新概述：在2G时代，联通在各个层面都被移动压制，到3G时代，联通凭借3G技术最成熟的优势，有了赶超的机会。联通将如何改变劣势呢？从目前看，联通利用捆绑iPhone策略，从竞争对手那里成功抢来大量优质客户。

先设计全新的3G品牌"沃"，英文为"WO"。然后以我为主，构筑战略联盟，打造有利于为客户提供一体化服务方案的生态链，先后与

新华社、百度、腾讯、东方航空、广发银行、中期集团等建立战略合作关系。并与各终端厂商形成战略合作，清晰定位各层级终端，以区隔目标客户群。第一级：明星终端，4000元以上，包括iPhone、乐Phone等，吸引中高端客户；第二级：中高端明星机型，3000~4000元，包括诺基亚、索爱等一线品牌的旗舰产品，吸引中端客户；第三级：普及型智能终端，2000元左右，以性价比吸引普通用户；第四级：普通定制终端，中兴、华为，目标客户群为低端客户。

特别是捆绑iPhone等明星终端，对联通3G布局的战略意义非常大，培育启蒙3G市场，很多习惯使用iPhone手机上网的用户，就很难适应安卓系统。提升中高端市场份额，改变移动渠道的凝聚力。

挑战与风险：联通内部如何实现有效整合，实现公司内部各项资源的平台式利用；如何形成企业3G业务与2G业务的平衡，避免业务冲突；在与终端厂商合作的过程中，如何实现自身利益的最大化，以获取自身的领导地位。

案例6 华谊的金字塔战略

主要创新点：业务分层分次组合，梯次获取资源利润，实现乘法效应

核心逻辑：在金字塔战略中，以"内容+渠道+衍生全产业链"三级发展模式，其中内容制作是华谊中长期金字塔战略的核心及主导，形成内容基础性产品，通过渠道经营推进内容制作价值，通过影视制作的衍生业务为公司未来利润创造空间。在整个业务运行中，对公司资源进行多次利用，形成多层级利润。

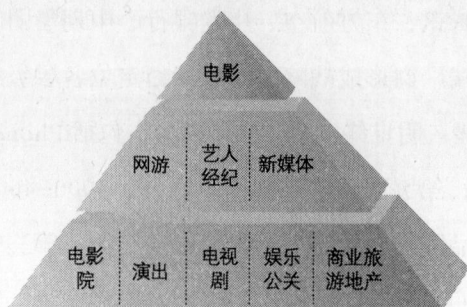

图15 华谊兄弟金字塔战略

创新概述： 自2009年上市以来，华谊在不断强化电影、电视剧、艺人经纪三大主营业务的同时，为了减少对单一业务的依赖性，使现有资源重复利用效率更高，华谊将业务扩展为九大块，增加娱乐公关、演出、商业旅游地产和新媒体，九大业务分层分次组合，形成状似金字塔式的公司业务战略组合，以发挥资源协同效应。目前相应业务都有实质的进展。

在金字塔战略中，其核心为"内容+渠道+衍生全产业链"发展模式，内容制作是核心及主导；渠道经营则可以更好地推进内容制作价值；影视制作的衍生业务为公司未来利润创造了广阔的空间，未来可能形成企业的核心利润来源。

这些业务之间都存在着一条主线——资源的充分利用。通过将九块业务复合性利用，而不是简单地叠加，将会获得一种乘法效应。比如通过电影、电视剧的投入，形成一次资源投入和利润生成，再通过网络游戏等进行二次资源开发，形成二级利润，然后再进行主题地产的开发，对企业知识资源进行三次利用，形成三级利润。

华谊的金字塔战略布局中并不是在进行简单的复制扩张，而是在高效利用自己拥有的各种资源，实现业务的整合，并且业务层次分明、战略扩张有序、管理井井有条。

挑战与风险： 对冯小刚过于倚重，以及明星合约到期对华谊兄弟形成较大影响，如何形成合理的创意人才梯队当是首要；华谊的核心业务相对单一，目前主要在电视和电影上，存在一定的市场波动风险；面对国内外娱乐大鳄的竞争压力，产业延伸推进计划面临较大的不确定性。

案例7 "智慧城市"再造神码

主要创新点： 主动嵌入式发展，配合生态环境发展

核心逻辑： 发现外部生态环境变化，主动嵌入中国城市化发展趋势，找到战略机会。借助自身在IT技术上的积累和优势，用信息化解决"大城市病"，作为未来智慧城市的管理专家，几年内战略上再造一个千亿规模的神州数码。

创新概述： 中国的大城市病是显而易见的，城市化进程加剧了这种压力。对于神码来说，解决这个问题，将催生一个巨大的金矿。涉及交通、市民卡、区域卫生、智慧旅游、政企通、综合治税、数据交换、云服务、安全监测等等。

为此，神码毫不犹豫地开始第三次战略转型。网络及应用软件业务发展（第一个五年）—IT服务全面转型（第二个五年）—以融合服务为核心的"智慧城市"战略（第三个五年）。

神码智慧城市战略总共分为三个层次：数字化——量化城市；智能化——信息收集，利用传感器等信息收集设备，采集与交换城市各项主体的数据信息；智慧化——组建系统。根据不同的应用方向，管理、运用城市各项主体的数据信息为城市化服务，将多个智能系统联动，组成一个庞大的智慧系统。

在"智慧城市"战略中，神码有几大核心创新措施：与政府合作，解决政府民生难题，从三网融合、电子政务、智能交通、智能家居、智能社区、智慧水利等各个方面全面推进中国各地政府的"智慧城市"建设；选取具有代表性的城市——扬州，进行试验性前进，国内与扬州类似的二、三线城市数量众多，具有较强的推广价值；与政府合作成立"国"字头的"智慧城市研究院"，建立行业领导者的话语权，一旦有成型产品，即可向全国推广。

挑战与风险：面对来自IBM、思科等国际巨头的竞争，如何确定自身独特的竞争优势至关重要；从解决方案的供应商，变成一个城市的运营者，这个转变将面临很大挑战。重新设计企业赢利模式，以适合企业现有业务运营模式，实现利益最大化价值。

案例8 陕鼓的制造服务化

主要创新点：制造服务一体化，从单一产品制造到集成方案提供商

核心逻辑：依托集团多年的制造经验，从单一产品供应商向动力成套装备系统解决方案商和系统服务商转变，从产品经营向品牌经营、资本运作转变。企业在保持产品技术优势的基础上，向设计、制造、工程总包、安装、维修、保养和改造升级，以及项目融资服务等领域延伸。

创新概述：在国际金融危机令诸多制造企业面临着市场萎缩、订货下降、利润减少等困难的局面下，陕西鼓风机集团（以下简称"陕鼓"）逆势而上，战略创新使这家业务非常传统的企业，不仅没像90%的同行那样死掉，反而做大做强，销售额从最初的几个亿，增长到目前近百亿。

陕鼓的战略变革始于兼并重组，先是分别与西安锅炉总厂和西仪集团进行重组，对相关部门的54项业务进行调整，放弃非核心的、低附加值

的制造环节，由市场配套，强化自身在通用设备上的能力，全力开拓自己擅长的鼓风机服务市场。

而个性化解决方案和需求，通过整合来实现，牵头与56家企业组成陕鼓成套技术协作网络。引入战略投资者助其完成战略转型，与联想、复星、中诚信等签订私募融资协议，利用资本快速发展。

挑战与风险：如何依托自身优势，在客户个性化需求与企业标准化产品之间取得平衡；如何对子公司（尤其是上市子公司）进行协调一致的管控，实现集团价值最大化；如何形成自身独特不可模仿的竞争优势。

资本玩家的9大"越位创新"手法

//

一些从实业家向金融家晋级者，在资本运作层面动作频频，其一些创新的手法也是令人眼花缭乱。我们梳理了近年来在资本层面的典型创新案例，涵盖了信贷融资、股权融资、担保、金融模式、套现、财务技巧、并购手法、借壳模式、上市等各细分领域，以揭示一些资本实务技巧。

案例1 圆通汽车零部件公司

手法：信贷

创新点："现代+未来"的浮动抵押融资

有个叫"拔苗助长"的成语，大家都知道那是傻子的行为。但如果有人问，地里还没结麦粒的麦苗能换钱吗？其实这是可以实现的。把未来的产品拿去抵押就能实现融资，这种模式被称为"浮动抵押"融资。

江苏圆通汽车零部件有限公司，把现有的原材料、半成品、产成品及即将生产的产品，进行整体打包，并在丹阳工商部门办理抵押登记，从而得到了广州发展银行杭州支行9600万元的贷款。

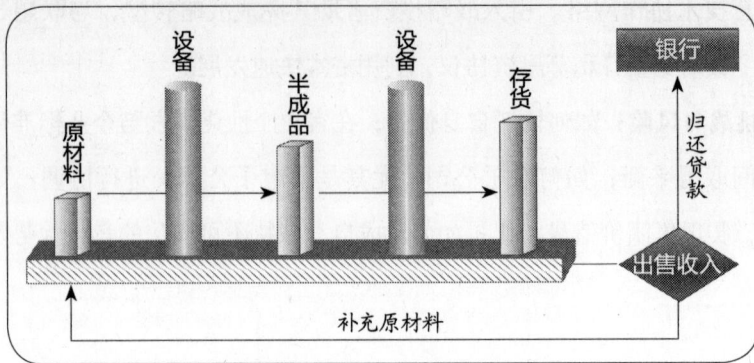

图16　浮动抵押示意图

其融资原理可做这样的设想（如图16）：有这么一条虚拟"传送带"，在这条传送带上企业的原材料被一次加工、二次加工，最后变成产成品，传送带上的所有物品都抵押给了银行以获得贷款。产品销售收入的一部分补充原材料，然后又进入生产传送带，再次进入抵押范围。另一部分收入就归还银行贷款。通常情况下，这条传送带都是在正常运转着的，但如果出现故障——比如抵押范围下所有动产的价值损耗超过一定程度，银行作为传送带的控制者就会按下"停止"的按钮，并且可以对传送带上此时所有的动产进行处理，以回收贷款。

当然，由于允许企业在此期间销售产品，就可能出现这样的情况：其一，企业故意低价销售产品，损害抵押整体价值，导致银行处理贷款也可能损失。其二，企业一夜之间凭空消失，卷走所有资产跑人。所以，实际运行中还有其他的"辅助器"，给这条传送带上油、润滑，使之良性运转。

1. 远程网络实时监控。在贷款企业的仓库、车间、门市或租赁的公开仓储装上电子摄像头，监控画面集中反映到银行和监控方。而企业销售货款直接支付到银行监管账户上。

2. 设置管户经理。管户经理则负责对贷款企业实行24小时电子监控，保证监控设备的正常运转；保管好被监管企业已纳入动产浮动抵押的物品；没有监控方的指令，不得擅自给企业或其他人发放被抵押的物品；保证企业动产抵押变动时，有足额的现金存入银行或有对应的动产补充报告。

3. 引入保险公司。在贷款中引入保险公司，比如以银行为受益人的债务人人身、抵押动产意外险、第三方监管责任险。

4. 抵押价值损失的预防设置。还可以建立风险预警响应机制，按期评估抵押范围下的所有动产的市场价值，当损失到达不同程度时，设置不同的应对方案，以便判断是短期波动，还是长期影响，事先做好降低风险的措施。

案例2 苏宁电器

手法：股权融资

创新点：转增股本连环融资

苏宁电器上市后通过"大比例转增股本—再融资—大比例转增股本—再融资"的循环运作，融得的资金一次比一次多，相反，出让的股权却一次比一次少。

苏宁电器IPO时，公开发行2500万股，占总股本的比例为26.84%，每股发行价为16.33元，募集资金4.08亿元。

苏宁电器2004年在深交所挂牌上市时，公司股份总数为9316万股。作为控股股东及实际控制人的张近东一共持有苏宁电器的股份约为40.2%。但随后的股权分置改革稀释了张近东的股权，降低到36.6%。

2005年9月，苏宁电器召开临时股东大会，公司以总股本1.8632亿股为基数，向全体股东每10股转增8股，转增后公司总股本由1.86亿股增加至3.35亿股。

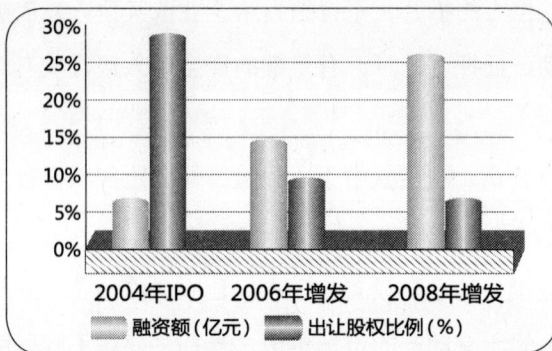

图17　苏宁电器融资额递增，出让股权比例递减

2006年6月，苏宁电器定向增发2500万股，每股发行价高达人民币48元，募集资金总额为人民币12亿元。这次非公开发行2500万股后，苏宁电器的总股本增加到3.60亿股，2500万股占总股本的比例为6.94%。此时，张近东的股权比例约为34%，才降低了2.6个百分点。

如果苏宁电器在IPO时将所有股份全部卖光，募集资金也不会到16亿元。而此时其非公开发行2500万股占总股本的比例是多少？才6.94%！

出让了6.94%就又募集了12亿元。为什么出让这么少的股本就能募集到这么多的资金呢？其中的秘诀在于公司不断地用资本公积金转增的方式增加股本，转增后再巧妙利用"填权效应"复原股价。股本增加了，发行同样数量的股份所占的比例就少了，对控股股东和实际控制人股权的稀释作用就减弱了，总结下来即是"大比例转增股本—再融资—大比例转增股本—再融资"，这就是苏宁电器的"资本秘密"。

在此后的数年时间里，苏宁电器一再复制这种融资方式。苏宁电器三次发行募集资金总额分别为4亿元、12亿元、24亿元，合计超过40亿元，每次募集资金都翻1~2倍。而对应出让的股权却是26.84%、6.94%、3.61%，逐次降低，"大比例转增股本—再融资—大比例转增股本—再融资"的效果出奇好。

当然，苏宁电器如此良性循环的原因，离不开公司的业绩和资本市场的牛市配合。就公司的财务指标来看，营业收入以超高的年复合增长率快速增长，净利润也是几乎一年增长一倍。

案例3 中新力合担保公司

手法：担保

创新点："桥隧模式"和"路衢模式"

中新力合不但整合了银行、政府等机构的资金（并为其提供担保），搭建融资平台，为企业提供批量债权融资；还联合VC，让其对在同一个融资平台下的企业进行股权投资。其中最为知名的当数"桥隧模式"和"路衢模式"。

桥隧模式具体运作如图18：企业向银行申请贷款，由VC和担保公司联合向银行提供担保（VC作为主担保人），同时企业主将自己一定比例的股权，质押给担保公司及VC作为反担保。这种新型融资模式不但有助于让企业搭上信贷市场的"桥"，还能帮企业连通资本市场的"隧"，所以取名为"桥隧"。

其中，中新力合提供的担保与普通模式下无异，企业支付正常的担保费用，同时将自己的股权质押给中新力合作为反担保。

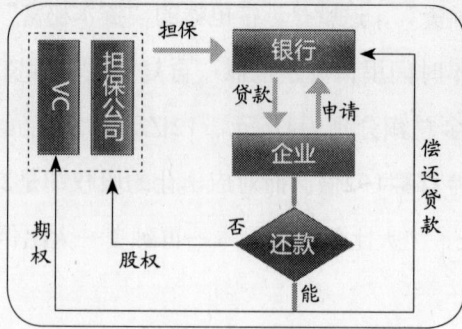

图18　中新力合桥隧模式示意图

但VC提供的"担保"就不一样了，它承诺，如果企业出现财务危机，致使无法按时偿还贷款时，将和中新力合按事先约定的比例，偿还相应的贷款（通常VC占70%以上），同时获得企业相应的股份。

并且在此基础上，VC还将继续向企业注资，进一步购买一定比例的股权，使得公司能继续运营。因为公司一旦破产清算就会丧失所有的潜在价值，而有VC注资保证运营，则能避免发生最坏的情况。

如果公司能按时偿还贷款，那么质押给VC及担保公司的股权就自动解除。但由于VC也承担了潜在的风险，所以公司仍要给VC一个期权，作为VC承担潜在风险的对价。当然这只是一个非常小比例的股权了。VC可能会在未来约定的时间内，兑现这个期权。相较于股权融资造成的大规模稀释股权，这部分"期权股份"对公司的影响就甚微了。

"路衢模式"则是对"桥隧模式"的优化、升级，其基本运作流程为：担保公司先根据各行业的实际情况，选出一些行业和一些企业。再由担保公司为这些企业进行评级、信用评定，提供部分担保，并将其打包。之后通过信托公司设置一个"集合信托"，引入政府、银行、VC等多方，共同购买这批企业的债权。

两种模式都有一大特征——能够有效促成小企业融资。

案例4 雅昌彩色印刷公司

手法： 金融模式

创新点： 艺术品市场的"雅昌指数"

一家普通印刷企业，历经五年，最终完成了艺术品市场"股票指数系统"的研发，并借此成为艺术品行业的整合者与领导者。这家企业便是雅昌彩色印刷公司。

雅昌将曾经印制过的艺术品图片集中起来，建成了艺术品图片数据库。根据艺术品的不同种类，雅昌将这个数据库分成四大类别：艺术品拍卖市场数据库、艺术家及作品数据库、书画印鉴数据库、画谱收录书画著录数据库。

这个数据库的价值在何处？雅昌董事长万捷曾表示："我拥有了几乎所有拍卖行的中国艺术品拍卖数据，包括图片资料、拍卖时间、拍卖地点、拍卖机构、拍卖成交价等市场信息。比如你查查齐白石，全部都能显示出来，什么时候什么公司拍卖的，成交价多少，一清二楚。"

经过多年积累，雅昌已经拥有了包括国内外最重要的75家专业艺术品拍卖机构从1993年至今的所有拍卖信息。

随着中国艺术品投资的升温，中国艺术品拍卖市场迫切需要类似"股票指数"的投资工具，为艺术品投资者、艺术品市场研究者及有关管理部门，提供艺术品拍卖市场领域全面、准确、权威的信息服务。

众所周知，"股票指数"就是股票价格走势的反映，是基于不同权重股票的交易价格统计而形成的。而雅昌拥有了绝大部分中国艺术品历史拍卖价格的数据库，因而完全有条件设计出"中国艺术品价格指数体系"。

于是，雅昌开始着手该指数体系的研发，并取名为"雅昌指数"。为了研发雅昌指数，万捷亲自担纲该项目的领头人。一方面，他聘请了深交所及上交所的多名证券专家，组成"专家顾问团"指导指数设计；另一方面，他招聘了一批"金融工程"领域的专业人士，专职指数开发。

历经近五年时间，耗资2000多万元人民币，雅昌指数横空出世，最终形成了"成分指数"（类似大盘指数），即针对不同画种所推出的"国画成分400指数"、"油画成分100指数"两个指数；分类指数（类似行业指数），即针对不同画派所推出的"海派书画50指数"、"京津画派70指数"、"岭南画派30指数"、"新金陵画派30指数"等八个指数；个人作品成交价格指数（类似个股指数），如"齐白石指数"、"张大千指数"等。这些指数以每个月作为一期发布一次，遇到大型拍卖会，则会专门发布。

案例5 诚信创投

手法： 股东套现

创新点： 套现中的避税

乐凯胶片第二大股东熊玲瑶在短短3个月的时间里，进行了多达5次的套现交易，总金额达1.68亿元。但是这持续的套现背后，却有很多不合常理的事情。

熊玲瑶合计持有乐凯胶片4232.24万股股票，持股比例为12.37%。据乐凯胶片公告显示：这批股票原为"广州诚信创投"所持有，由于诚信创投的大股东袁志敏无力偿还熊玲瑶的债务（本息合计约2.115亿元），后经广州市仲裁委员会裁定，袁志敏将自己控股的诚信创投所持有的4232.24万股乐凯胶片股票，全部过户给熊玲瑶，用于抵债。而奇怪的是，该股票按照当时的股价计算，总市值高达3.8亿元。用3.8亿元的股票去抵消2.115亿元的债务，究竟是袁志敏犯傻呢，还是另有隐情？

"诚信创投"专司财务投资，2007年11月因乐凯的股权分置改革而入股，并成为其第二大股东。2009年3月，诚信创投所持有的限售股分阶段获得流通权。作为财务投资人，诚信创投接盘乐凯胶片股份的目的，即是希望股票获得流通权之后能够溢价抛售。

随着2009年下半年股市大盘的重新走高，乐凯胶片的股价也在跟随大盘向上摸高，但是袁志敏却一直"按兵不动"没有进行套现。或许，税负是其不得不考量的一个重要因素。市场上减持的"小非"多数是上市公司的原始股东，持股成本甚至低于1元/股，即使抛售之后缴纳所得税，赢利依然可观；而诚信创投是以6.38元/股的成本持有的，若以现行股价减持，赢利甚少，还要扣除双重所得税（抛售时的企业所得税、分红时的个人所得税）。

2009年11月25日，乐凯胶片很蹊跷地发布了一则公告：公司第二大股东诚信创投的实际控制人袁志敏，因欠自然人熊玲瑶2.115亿元（本金与利息合计）债务，该笔债务发生于2007年11月，现袁志敏无力偿还该笔债务，2009年11月11日，经广州市仲裁委员会裁定，将诚信创投所持有的所有4232.24万股乐凯胶片股票用于抵债（相当于以5元/股的价格转让给了熊玲瑶）。袁志敏系熊玲瑶姑父。然而，该公告并未披露袁志敏与熊玲瑶的亲属关系，以及这笔债务因何发生。

一直关系亲密的亲属双方，怎么突然就产生了债务纠纷，而且还闹到了需要仲裁委员会来仲裁的程度？以2009年11月11日的乐凯胶片收盘价9元/股计，诚信创投用来抵债的股票总市值高达3.8亿元。即使亲属关系破裂了，袁志敏为什么愿意用诚信创投所持有的价值3.8亿元的股票去偿还2.115亿元的债务？如若真要还钱的话，诚信创投可将已经解除限售的1710万股直接抛售，即可套现1.5亿元，大约可以还清75%的债务，用得着把全部股票用来抵债吗？

表3　熊玲瑶与诚信创投的套现税负对比

	熊玲瑶	诚信创投
合计成交量(万股)	1553.29	1553.29
合计成交额(亿元)	1.684	1.684
成本价(元/股)	5	6.38
总成本(万元)	7766.45	9910
利润(万元)	9070.97	6927.42
企业所得税(万元)	0	1713.86
个人所得税(万元)	1814.19	1039.11
所得税总额(万元)	1814.19	2752.97

有分析认为，袁志敏以还债为由，将股票从诚信创投转移至熊玲瑶名下，由熊玲瑶以自然人身份完成套现，可以不用缴纳任何所得税，而若以诚信创投的身份完成套现，将要负担双重税负。

然而，袁志敏前手将股票转移给熊玲瑶，财政部后手就出台新政策，明确规定："自2010年1月1日起，对个人转让限售股取得的所得，按照'财产转让所得'，适用20%的比例税率征收个人所得税。"

据公开披露的信息，熊玲瑶接手股票之后，截至2010年6月共计套现5次，抛售股票1553.29万股，套现金额合计约1.684亿元。

虽然财政部明确了自然人大小非套现也须征收个人所得税，但是袁志敏通过这次股权转移，依然降低了税负。如果这些股票由诚信创投直接套现，由于双重征税，纳税金额无疑要高出很多，其税负对比情况如表3所示。由表3可知，同样1553.29万股的套现数量，通过诚信创投抛售最终要支付的所得税税负，要比通过熊玲瑶抛售高出近1000万元。

案例6 忠旺集团

手法：财务技巧

创新点：财务截流法则

企业经营通常都会有两种成本，一种是显性的经营成本，另外一种就是隐含的财务成本。你是否正面临着这样一个窘境：由于不重视后者，而形成巨大财务成本负担，导致在竞争当中处于被动？

我们来看看忠旺集团是怎样通过充分利用资源，达到降低财务成本，并造就了惊人赢利能力的。

其一，一边加速应收账款回流，一边充分利用上下游的垫款。

忠旺的应收账款周转天数只有20天，也就是说，尽管忠旺采用信用销售，其从取得应收账款的权利到收回款项、转换为真金白银的时间也只要20天。应收账款周期的缩短，意味着行业内竞争力的提高，因为若存在较大规模的应收账款，势必会占用企业大量的资金，耗费大量的资金成本。

此外，忠旺的应付账款周转天数平均在其应收账款周转天数的5倍以上，某些时候应付账款周转天数更是超过200天，10余倍于应收账款周转天数。

说得直白一点就是，面对上游的供应商尽可能延后付款，面对下游的采购商尽可能提前收款，这样使得现金流停留在自己手上，现金流充裕的话，就可以避免不必要的银行贷款，以减少利息支出。

其二，利用自身信用，开具超额银行承兑汇票，进行票据融资。

忠旺除了充分利用上下游的资源，占用供应链上的资金外，还通过利用自身的银行授信资源，开具超额银行承兑汇票，进行票据融资，进一步达到降低财务成本的目的。

忠旺进行超额票据融资是这么操作的？流程如图19所示。例如，忠旺进行某一次的实际采购金额是10亿元，却向供应商开出了20亿元的银行承兑汇票，供应商收到20亿元的银行承兑汇票之后立刻到银行进行贴现，并将多收取的10亿元货款，通过忠旺的关联公司归还给忠旺。于是，忠旺便通过这种变相的方式，获得10亿元的融资。

由于银行承兑汇票的贴现率往往低于银行贷款利率，也就是说忠旺通过超额票据融资所支付的利息，要低于普通银行贷款所支付的利息。

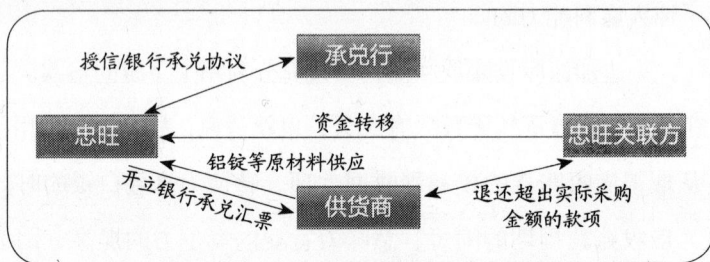

图19　忠旺的票据融资流程

其三，利用短期融资券降低财务成本。

除此之外，忠旺还积极开拓其他的低成本集资途径，利用直融工具——短期融资券。其在数年时间里通过这种方式获得过30余亿元融资。

忠旺热衷于短期融资券的关键之处是，这种方法的利率根据市场利率情况确定，但一般会比同期贷款平均低2~3个百分点，这对于降低财务费用来说确实是个不错的选择。

通过以上三大路径，忠旺集团大量节省了财务费用支出，使得其净利润增长了50%。一般的企业要达到净利润增加50%，或许要通过产能增加50%、销量增加50%来实现，但是忠旺在维持既定规模前提下，通过财务策划轻易就实现了。是通过扩大产能增加销量来增加净利润呢？还是通过财务筹划来增加净利润呢？二者高下不言自明。

案例7 复星集团

手法：并购重组

创新点：财务投资+产业整合

复星作为国内产业投资的佼佼者，十多年来在钢铁、房地产、医药、商业和金融多个领域的投资成果已经是硕果累累。那么，复星选择并购企业的标准是什么，又能给被并购企业带来哪些价值呢？

复星最近在广东一带收购了一家企业——西鹤科技（化名），主要做的是节能焊机（逆变焊机）。为什么复星会投资西鹤科技呢？

首先，第一个看的是行业。复星要看这个行业至少未来5~10年，是否能保持一个增长的态势。不能是走下坡路的行业，那显然不是复星要选择的行业，也不是过于成熟的行业。那么，复星怎么来看这个行业呢？逆变焊机行业，是焊机行业里面的一个子行业。传统的焊机是一种高耗能的产业，而逆变焊机比传统焊机节电35%~40%。未来必将取代传统焊机，其市场增长空间巨大。

其次，复星关注企业的行业地位。这个行业地位，就是绝对龙头，所谓绝对龙头，就是第一名比后面的二、三、四、五名加起来还要大。西鹤科技在逆变焊机行业里面是第一名，2009年利润比2008年增长了30%，金融危机对它没有影响，市场还在正常增长。

第三，复星关注财务数据。这里包含哪几个数据呢？第一个是利润，利润是硬道理。第二个是销售额，销售额决定了船到底有多大，市场有多大，决定了能做多少文章。第三个是现金流。很多企业家可能认为，企业是因为缺资金才融资，企业有钱为什么要融资？其实复星投资的时候，西鹤科技账上资金超过1个亿。那么复星为什么看重现金流呢？这是因为，现金流意味着投资的安全性。风险投资可能在企业上市后就寻求一个合适的机会退出，而复星作为产业投资，长期伴随企业持续发展，所以关注企业的现金流状况。

复星收购一家企业以后如何进行整合呢？

第一个，复星对企业产业价值的提升，能带来产业协同的效益。焊机俗称"工业缝纫机"，而复星主要做的一个产业是钢铁。钢铁就等于衣服的布料，复星的钢铁、中厚板在全国排第二位，卖给了那么多的船厂。复星把钢铁卖给船厂的时候，同时也就把配套的焊机卖给了船厂，这叫产业协同。

第二个，复星每收购一个公司，都有一个"百日工程"。复星收购企业后，是不派人管理、不冠名的，团队都是不变的，但是有一个"百日工程"——复星有一个庞大的产业基础，深刻理解产业，知道产业需要什么，从各条线帮企业梳理清楚，比如专利体系、财务管理体系、风险控制体系到底怎么去做。

此外，复星站在全球的战略高度去考虑问题，现在很多国内企业不懂国外市场，很多国外基金也不懂国内市场，而复星是跨两边的。复星在美国、中国香港、新加坡等地都有很多上市公司，会关注很多世界范围内的产业机会，投资、并购机会。

案例 8 上海凯迪

手法：借壳

创新点：利益绑定原实际控制人

仰帆投资准备将旗下地产业务"上海凯迪"注入*ST国药实现借壳上市。*ST国药不足2亿股的规模，对于重组意向方来说，是个不错的选择。但是*ST国药存在多次违规担保、亏损巨大、债务诉讼、资产被查封、股权冻结、大股东占款等严重问题。

面对这样的烫手山芋，无疑增加了重组的复杂性。志在穿*ST国药这双"新鞋"的仰帆投资，跳出了一般借壳的"套路"，其并未采用先购控股权、实施债务重组，随后再借壳的方式，而是采取了间接收购策略，转向去收购控股方的全额股权，从而间接获得实际控制权。

仰帆控股与新一代科技（*ST国药的控股母公司）的所有股东，签订了股权转让合同，徐进等6名新一代股东，有偿将其各自持有的合计100%新一代科技股权转让给仰帆投资（如图20）。至此，新一代科技成为仰帆投资的全资子公司，仰帆投资由此潜入了*ST国药，成为实际控制人。

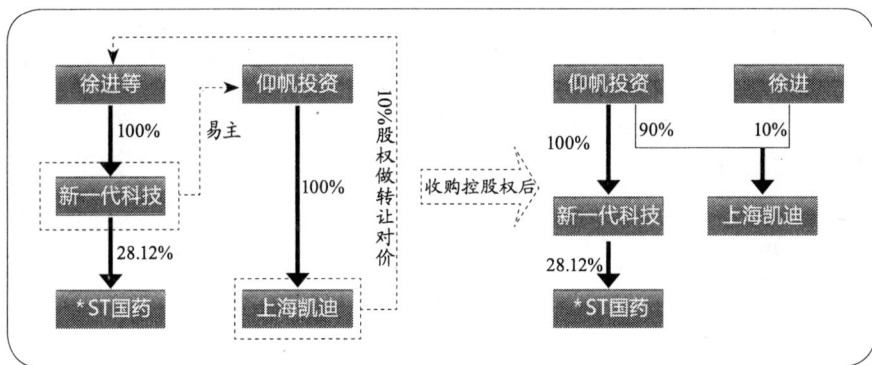

图20 仰帆投资间接收购控制壳资源

值得再深究的是，仰帆投资却没付出一点现金，而是付给了徐进拟注入的上海凯迪的10%股权。不光收购壳资源的方式创新，这10%的股权亦具玄机。

徐进，一直是*ST国药的实际控制人，因此徐进无疑是帮助梳理相关债务的最好人选。所以，用10%股权作为对价支付方式，无疑避免了直接现金流的支出，更是基于重组风险控制方面的考量所作出的创新。

可以试想一下，若仰帆投资直接以现金支付收购款，那么新一代科技即刻便可"抽身而退"。而仰帆投资届时将几乎根本无法解决一堆债务和纠纷问题，因为其对上市公司的过往历史并不熟悉，处理起来无疑将耗费大量的人力、精力，加大重组成本不说，甚至会影响借壳事宜。反之，只让徐进先拿着拟注入资产的一成股权，等于绑定了对方。

仰帆投资与徐进方面在谈判的时候，已经明确了双方在后续事宜中各自的权利和义务。由此，大家按照游戏规则井然有序地忙开了，一起梳理债务、剥离医药资产，注入地产资产（如图21）。

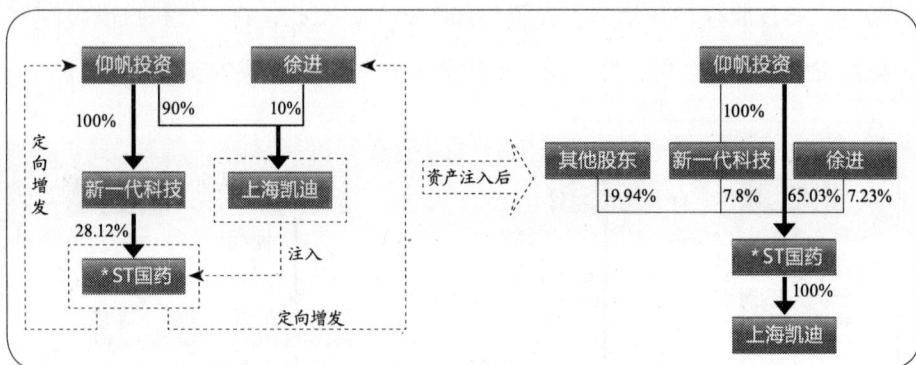

图21　仰帆投资将地产资产注入壳公司

通过以上操作就可将*ST国药的经营性债权、债务基本转出，同时实现上海凯迪注入，仰帆投资的这种创新借壳方式值得借鉴。

案例9　长甲地产

手法：上市

创新点：正面突破政策限制

长甲地产在商务部十号文约束下，其红筹上市之所以能够成功，关键在于其运用了个十号文以前设立的外商投资企业——苏州长甲药业——作为"壳"。

首先我们来看看长甲地产重组前的企业架构。这是个较为复杂的股权控制体系，它们整体上皆由赵氏家族所控制。其中，赵长甲为实际控制人，赵宏阳为赵长甲的儿子，黄喜悦（拥有泰国永久居民身份）为赵长甲的妻子。

有六家企业为实际运营的地产项目公司，其余皆为不承担实际运营任务的投资控股公司。这六家企业都是清一色的"纯内资企业"。而长甲地产要完成红筹架构的搭建，最主要的便是要将这核心的六家地产业务公司的权益搬出境外。

而如果要在实际控制人同一控制下，完成内资企业权益从境内向境外的转移，十号文的"关联并购审批"似乎是绕不过去的一个"政策天堑"。长甲地产选择了一种商业风险很低但法律风险貌似很高的方式——借"壳"重组。

整个重组利用了赵氏家族拥有的唯一一个外商投资企业——苏州长甲药业。苏州长甲药业是于2000年5月，由"上海长甲投资"和赵的妻子黄喜悦以境外身份合资设立的中外合资企业，其中上海长甲投资持股60%，黄喜悦持股40%。

苏州长甲药业原被赵氏家族用于从事医药行业，但该公司规模不及赵氏家族全部产业的1%，且一直亏损。律师便以这个外商投资企业为"壳"平台，拉开了长甲地产的重组大幕。其跨境重组分五个步骤完成，整个过程如图22。

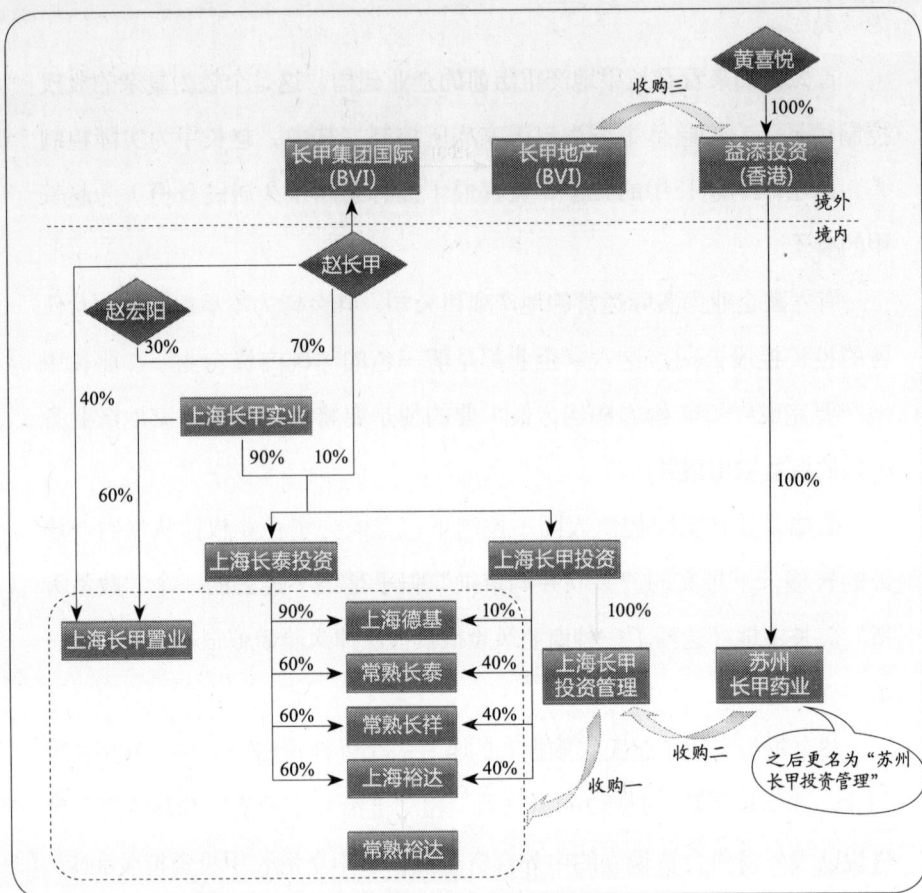

图22　长甲地产重组过程

第一步：黄喜悦先在香港收购了一家壳公司益添投资（香港），然后在2008年3月18日，通过益添投资（香港）全资收购了苏州长甲药业，后者从中外合资企业变成了由黄喜悦间接控制的外商独资企业（如图22最右边结构）。

第二步：上海长甲投资全资设立了"上海长甲投资管理"，并在此后的两个月时间内，先后全资收购了"上海长甲置业"、"上海德基"、"常熟长泰"、"常熟长祥"、"上海裕达"及"常熟裕达"等六家企业。

第三步：外商独资的"苏州长甲药业"全资收购了"上海长甲投资管理"。

第四步：苏州长甲药业将亏损的医药业务剥离出去，并更名为"苏州长甲投资管理"。

第五步：赵长甲通过在境外设立的长甲集团国际（BVI）设立长甲地产（BVI），并收购了妻子黄喜悦持有的益添投资（香港）。

长甲地产完成上述重组步骤之后，便形成如图22所示跨境红筹架构。至此，原先6家纯内资项目公司的权益，成功地搬到了境外。

京东商城：泛平台的未来

///

创新商业模式必须符合用户体验

尽管刘强东十分不喜欢京东商城被人贴上"中国亚马逊"的标签，但这家被中国电商集体视为"敌人"的对手，依旧一步步循着亚马逊的足迹向前，2010年年底，京东商城的"品牌直销"频道上线，500多个品牌，近10万种商品入驻该频道。

2011年3月，凡客宣布全面启动"平台共赢"计划。凡客诚品将在公司内外部全面开放平台，与各类合作伙伴分享发展带来的红利，京东商城是其合作伙伴之一。

京东商城开放平台，意味着商业模式的又一次局部进化。

与亚马逊类似的是，联营商户在京东上的仓储、配送、客服、售后、货到付款、退换货、自提货等环节，都可按照京东自营的流程体系来解决。

对于京东来说，既收取了佣金，也分担了一部分仓储物流的成本。

但刘强东的野心远不止如此，他认为在庞大的物流平台上，"我们可以延展出更多的创新商业模式，但必须符合用户体验这个大前提"。

物流为王

刘强东所说的用户体验，90%来自物流布局的深度和效率。

目前，我国第三方物流仍处于初级发展阶段，服务单一，信息化程度低，难以满足电商企业对供应链解决方案的需求。

2005年彻底转型为电商后，京东一开始用的是第三方物流配送。2008年年关，订单增长而配送远远跟不上，许多订单延迟而招致投诉，给刘强东留下了切肤之痛。

2009年在读沃尔玛创始人传记时，他发现成功的零售企业，其实最后都是物流公司，沃尔玛是，亚马逊也是。

2009年拿到第二轮融资2000多万美元时，他当即决定，将70%的融资投入租赁仓储、建立配送队伍。2011年，京东商城继续加大物流投资，同时开工建设7个一级物流中心和25个二级物流中心，包括位于上海的亚洲一号巨型仓储。根据京东商城的规划，2011年获得的第三轮15亿美元融资，几乎全部投入物流和技术研发的建设项目中，未来3年将投资50亿~60亿元进行物流建设。

京东商城不顾自身尚未赢利，斥巨资投入物流配送的行为，曾经一度为许多同行所不理解，当当网俞渝曾评价，京东尚未达到盈亏平衡，赢利模式不清晰的情况下，靠融资发展物流，要当心资金链断裂的风险。

时至今日，虽然当当与京东商城都决定转型为综合电商，做开放平台，但业内人士认为，自建物流缺失的当当无论是在用户体验还是在今后的规模上，与京东已不在一个重量级。

"为什么这么多90年代末就开始做电子商务的公司，没有一家能超过百亿？而我们起步比较晚，却只用了一半的时间，就是因为重资产投入，可以这么说：如果京东当初没有投资物流，2011年的销售收入也超不过100亿元，因为无数的投诉已经把你淹死了。"

刘强东说，目前京东只有30%的订单外包给第三方物流，但这30%的订单投诉率，是自建物流的12～13倍。证明了电子商务企业对自建物流的管理要远远优于第三方。

让刘强东颇为骄傲的是，亚马逊的库存周转是32天，而京东商城现在能做到12天。京东是目前在自建物流配送过程中将服务做到消费者可以时时跟踪包裹所在位置的唯一电商。刘强东也说，他这几年投资最大的就是研发和物流。

不仅仅是网站的前后台功能，更多的应该是后台订单、物流、客服、营销等系统对接，而在这些系统中，物流系统的信息化更是其重中之重。

汉森世纪供应链管理咨询公司副总经理黄刚认为，在所有的电商巨头里，京东的库存订单配送处理效率名列前茅，在平衡成本与效率方面，京东努力寻找到一个最优的平衡点。

平台服务模式：基于数据挖掘

黄刚同时也指出，京东如果要在电子商务的泛平台时代中取胜，必须尽快做好后端数据挖掘工作。

数据挖掘工作对平台上的合作伙伴有多重要？以亚马逊为例，大约可提供十种不同的平台网络服务项目，包括基础建设服务、支付记账服务、亚马逊商品配送与合作营销服务、网络搜索与信息服务等。其中大部分服务项目，基于对海量信息的数据挖掘工作。

淘宝网的数据挖掘工作在电商中首屈一指，据称是淘宝网的核心商业机密，至今为外界探访禁区。

京东正尝试为合作伙伴推出若干信息系统的数据挖掘服务。

首先数据挖掘可让合作伙伴看到经营信息。

刘强东觉得京东的供货商，平台上的卖家，京东自己的运营注册，需要大量的数字的支持。要实现这样的结果：把标准接口对合作伙伴开放，合作伙伴就能在办公室看到他的产品品类，在哪个省、哪个区域销售，消费者中有多少男的女的，多少学生多少白领。同时通过自动提交电子订单系统，合作伙伴能看到全国各个区域每个库房的库存状况、预售情况。

其次，通过数据挖掘，还能了解消费者偏好，产品如何设计，到底有没有市场，通过传统渠道至少需要三周得到一手的市场数字。也就是产品生产出来，交给分销商，经过三周才能发现产品对不对路，有没有人喜欢。然后开始销售了，要么拼命地向经销商压货，要么经销商拼命地抢，却抢不到货，因为生产商生产不出来，货源不足。

而通过京东的系统，三天至七天就可以得出来一个准确率达到90%的榜单。所以任何厂家的新产品，放到京东仓库，分析三到七天之后，出来精确的分析数字。将来产量多少产能多少，他自己就能算出来。完全实现以需定产。

现在很多厂商将预售产品放到京东平台上去，产品通过京东商城15天的预售，通过对订单的分析和订单省份的分析，就能决定产品的产量以及产品的销售区域。未来厂商甚至可以通过京东的平台分析用户需求，开发新产品。

2011年年底，京东商城对供货商开放自己的后端管理平台，帮助供货商开发、生产、销售。刘强东说："京东把信息系统延伸到供货商层面，让他们也实现更多的智能化，整个链条智能化之后，反过来也能给京东创造价值。"

事实上，2010年京东商城上销售的笔记本，有20%的笔记本的配置是通过京东数据库系统订制的，2011年这一比例提高到了40%。举个例子，厂商提供的内存是4G，京东经过数据分析发现，用户只需要2G，硬盘也一样，并不见得大就是好。需要一个最佳配置，京东通过数据挖掘，抓取了这个最佳配置。

京东商城目前做数据挖掘的工作团队已由30人拓展到百人规模。数据挖掘提供的收费服务如信息搜索、数据调查等也是未来京东商城赢利模式中的一部分。

赢利模式：基于海量用户

与淘宝松散的散户模式不同的是，京东商城开放平台后可以与联营商户建立更紧密的合作关系，商户的一切交易包括仓储配送，均在京东商城的体系内完成。在服务上，京东与淘宝这样的电商有所区别，在刘强东的设想里，针对联营商户的服务如仓储和配送都要统一，客户服务中心统一，避免不同的商家售后服务不同。

这就决定了收费模式将采取"租金"或"佣金"的方式。

同样是开放平台的当当网，手机数码、服装、家具建材等商品的扣点率达到4%。京东的开放式平台上的收入来自佣金，与当当网类似，也采用扣点的方式。

但这只是收入的一小部分。刘强东反对现在设计好一个看得见的赢利模式，"一切都是自然而然的事，聚集到海量用户后，各种需求发生，赢利模式自然就产生了"。

宇龙酷派：跨界改写市场格局

///

宇龙酷派2011年的中期财报显示："受惠于2011年上半年中国3G移动手机用户持续大幅增长，中国无线3G酷派智能手机之销售量大大提升，带动公司于2011年上半年的营业额上升至30.27亿港元，较去年同期的21.03亿港元显著增加44.0%……期间，集团终止研发2G智能手机新型号，并将所有研发资源转移到3G智能手机。2011财年的手机出货量预计将超过1100万部。"这个数据足以表明宇龙酷派（Coolpad）品牌在中国及国际的智能手机市场上已经广受认可。以智能手持终端和增值业务运营起家的宇龙通信多年来在技术上的孜孜以求终于换来了丰厚回报——3G市场。

全产品线布局，支撑3G愿景

酷派的组织架构是典型的哑铃形，研发和销售服务人员占企业员工总数的70%以上，其中35%以上是研发人员，研发人员未来将扩展到3000~5000人。多年来，酷派坚持将年销售额的10%左右投入研发。公开资料显示：2009年，宇龙酷派在手机领域的专利申请数累计突破1000件，同时，在国际上申请专利技术50多件，双待手机技术、蓝牙子机、未来用户增值业务等领域的专利布局已处于业内绝对领先地位。2010年，酷派的研发费用较上年增加30%左右，投入在4个亿以上。

凭借强大的研发实力，以双模双待终端立足于中国手机市场的宇龙酷派一直坚持以中高端产品和运营商捆绑定制为主要发展策略。在山寨手机风头正劲的2G时代，这种策略虽有效地树立了品牌和高品质形象，但在销量上并不理想，使公司营收规模有所限制，特别在电信重组的2008年，公司还一度经历了一段低潮期。不过，之后随着运营商主导终端的3G时代来临，宇龙很快感到机会来了。

在对3G的漫长等待中，酷派也与其他豪赌3G的企业一样，有过叹息、焦灼，有过对高额研发成本的忧虑，但更多地是对这个产业的执著和对产品技术的孜孜以求，这使酷派在3G闸门开放后捕捉到了先机。随着3G网络的逐渐成熟以及智能手机市场去年开始在中国爆发，在智能手机上有深厚积累的宇龙酷派跟随运营商的敏锐嗅觉和定制需求，及时进行了开发转型。

酷派的超高速发展始于2009年6月，此时，酷派早已摆脱了运营商重组带来的压力，销售额每月以亿元递增。宇龙通信总裁郭德英深知，酷派与"国产第一品牌"的宝座仍有距离。很重要的原因在于，酷派多年来潜心于高端智能商务机——这个为酷派带来高额利润的细分市场与大众品牌路途遥遥。千元价格的智能手机将有更大的市场，而酷派以前的产品动辄四五千元，目标用户相对比较窄。酷派正在中低端市场急行军。

品牌势能往上延伸难,往下延伸易,更何况酷派有强大的技术实力为后盾。很快,酷派的产品线就覆盖了700~7000元的低、中、高档机型,从细分市场逐步转向大众市场。酷派针对3G推出各种制式的双待机,也推出多种制式的单待机。酷派销售最好的一款低端机型卖出了超过100万台,获得了企业未曾预料的好成绩。

酷派是国产品牌中少有的在TD-SCDMA、CDMA2000和WCDMA三个产业全面发力和布局的手机企业。技术门槛将很多国产品牌挡在3G大门之外,3G产业在壮大的同时也加速了市场的洗牌,加快了产业格局的分化。而倡导"技术创新驱动市场"策略的酷派,则实实在在地尝到了创新带来的甜头,以技术创新为支点撬起了企业发展的势能。

WCDMA领域是酷派最晚布局的产业,一度成为酷派3G产业的"短板",但酷派W700手机的上市,使这种局面得到了改观。W700从产品规划,到项目研发、测试、生产、上市历经1年半的时间,通过了近乎苛刻的数十项研发测试。酷派将操作系统从WinCE切换到Android,并不断加大对Android手机的研发力度。

郭德英认为,提升酷派智能手机用户基数、品牌知名度的一个重要手段就是实现差异化设计。他认为,这种差异化除了体现在双网双待、折叠系列、超长待机和一些附加功能方面的精耕细作,更多地是在软件上下工夫。为加强用户的完美体验,宇龙酷派通过与Android平台的第三方独立软件开发商合作,不断增加专属酷派客户的"酷派"应用程序店的软件应用程序,如方便的购物体验、游戏、书籍等。

2011年6月,宇龙酷派还推出首个手机云计算服务平台"Coolcloud"——酷云,这将成为公司未来的战略重心。酷云是一项基于云计算技术及酷派终端的综合解决方案及应用程序平台服务,专门面向中国用户及市场推出。宇龙的云手机将主要围绕数据安全、存储、同步和交换展开。

紧贴运营商

酷派今天的成功原因除了坚持自我创新与强势的研发能力，与运营商的紧密合作是其脱颖而出的另外一把撒手锏。

截至2010年年底，宇龙酷派在国内外仅有100多家分销商及代理，国内酷派直销店仅10家。事实上，运营商捆绑定制销售模式已经成为主流。运营商已经控制了75%的3G手机销量，其余25%则通过传统分销商渠道卖给消费者。资料显示，三大运营商拥有巨大的资源和网络覆盖优势。例如，中国移动拥有53万个营业网点，中国联通与中国电信分别为19万个和17万个营业网点。

自3G牌照发放以来，三大电信运营商开始进行大规模的手机集采，并推出多款定制手机，进一步完善手机定制模式。面对电信运营商频频抛出的集采大单，手机厂商不断从多方面进行调整，以适应运营商的发展战略。

手机定制销售并非中国所创的先例。日本最大的运营商ＮＴＴ
ＤoＣoＭo早年为加强与手机厂商合作，主要采取定制手机、提供补贴、与业务捆绑销售、与厂商进行资本与技术合作四种方式。目前已经强大到直接给手机厂商一个规格表，其中包括各种零件的技术标准，手机厂商只需按照标准生产即可。目前国内手机也纷纷进行终端定制，并通过各自的网络进行销售。

2011年年初以来，三大运营商开始加大终端集采力度，特别是中国移动、中国电信。除去个别高端机外，主要集中在酷派、中兴、华为、联想等国产品牌。中国移动在2011年2月集采高端TD手机1220万部，7月初又启动千元智能手机招标，采购规模为1000万部。中国电信则在广州的CDMA产业论坛上宣布采购4000万部CDMA手机。中国联通在2011年年初则开始转向中低端市场，采购500部WCDMA手机。

运营商大规模集采给终端厂商带来巨大的商机，酷派作为国内3G手机的领先品牌频频中标。通过运营商分销不仅避免了坏账风险、价格战，还避免了复杂的渠道管理。对运营商的集采通常会给一个固定的账期，而其他经销商则要求现款现货，因此资金压力较小，风险也不大。

宇龙酷派与中国联通的合作由来已久，从CDMA开始，已经有六七年的历史。从2007年开始，宇龙酷派开始进入中国移动的TD市场，随后又陆续推出新产品。2008年中国运营商经过重组，将CDMA业务划给了中国电信。中国电信接手后开始马不停蹄地推动CDMA业务的发展。宇龙酷派也因此与中国电信合作尤为紧密。

部分人认为宇龙酷派"脚踏三只船"，会造成同业竞争。事实上，不同运营商手机的通信网络、操作系统、服务内容有所区别，因此针对不同的市场定位和消费，宇龙酷派提供了其创新的差异化产品。手机的更新周期不断缩短，用户对手机的需求变化很快，手机厂商必须不断创新才能保持持续的竞争力。选择正确的操作系统也很重要，2010年11月，宇龙酷派推出首部使用Android操作系统的智能手机。稳定的供货能力也是运营商相当看重的。

渠道深耕计划

多年来，宇龙酷派都采用运营商定制的方式稳步发展。但为带动产业链的快速发展，三大运营商都积极鼓励渠道商能够参与到销售环节，这意味着手机厂商必须和渠道商建立紧密合作关系。此外，酷派要大举占领中低端市场，社会化渠道的开拓也势在必行。

这是个棘手难题。酷派之前虽然做过渠道运营的试水，但渠道运营经验还相当有限。郭德英组织启动了"渠道深耕计划"，使渠道从以运营商为主的结构向运营商渠道和社会化渠道并重的双轨模式转变，一举渗透到三四线城市甚至乡村市场。

酷派相继与全国领先的国代商天音、中邮、爱施德等达成了战略合作关系，同时与全国各地近1000家区域经销商结盟，根据不同的产品定位选择不同的渠道模式，最大化地实现销售覆盖。

酷派的渠道策略并非仅止于此。2011年5月1日，酷派全国首家3G专卖店在深圳华强北隆重开业，这是继"酷派4S店"模式后，创新性推出的新渠道模式——打造业界首家3G概念的专卖店。每款新产品上市的前3个月，酷派都会在全国各地召开客户体验会，请客户反馈问题，每款产品开6次，目的是关注消费者需求，并引领需求。酷派目前打造的渠道模式富有前瞻性，实践证明很有竞争力，抗风险能力和可控性都很强。

国际化探路

酷派的海外试水始于2008年，通过国际展览、设立海外办事处、建立合资公司等方式与国际通信巨头同台竞技。在国外，酷派全用自有品牌，主打中高端。这是一条相当艰难的海外市场策略。

2009年，酷派在印度、越南、非洲等市场的增长速度超过100%，令其所向披靡的仍是在中国市场风靡的双待机。印度市场目前是酷派最大的海外市场，酷派在印度与最大的CDMA运营商Reliance成立了合资公司，依托Reliance的渠道，短时间内抢占了印度市场的制高点，成为印度双待机市场占有率第一的品牌。在中国台湾，酷派与亚太电信达成战略合作，以双网双待手机主攻高端商务市场。它的目标是在5年内抢下台湾CDMA 2000市场 30% 以上的市场占有率，成为台湾CDMA的第一品牌。

五　包容创新:

凝聚人心的智慧

企业的核心竞争力是人，归根结底，经营企业就是经营人。人与人之间的价值观、生活方式等方面千差万别，怎样才能聚在一起经营一项共同的事业呢？

包容人、尊重人是最基本的前提。包容创新，归根结底就是以减少企业内部人与人之间的摩擦，凝聚人心一起做好一项事业为目的的一种创新模式。这往往与企业家的领导力建设和企业的治理结构建设息息相关。

领导力之树的5大核心要素

///

领导力的本质是什么？卓越的领导者有何秘诀？领导之道是什么？从目前国内火爆的领导力培训市场可以看出，数以万计的管理者也正在苦苦寻求成为卓越领导者的"密码"。

这不由得使人想起古代李翱寻求"人生之道"的故事。曾任朗州（今湖南常德）刺史的李翱有一次专程去拜访惟俨禅师，问什么是"人生之道"？惟俨禅师没有直接作答，而是用手指指天，又指指地，然后问李翱："明白了吗？"李翱说："不理会。"惟俨禅师说："云在青天水在瓶。"李翱似乎仍未真正领悟到惟俨禅师的意思。正在他感到非

常困惑的时候，突然一道阳光射了进来，正好照见瓶中的净水，李翱顿
时"疑冰顿泮"，似有所悟，不禁随口念了一首偈诗："练得身形似鹤
形，千株松下两函经。我来问道无余话，云在青天水在瓶。"

惟俨禅师以"云在青天水在瓶"来回答李翱的"何为人生之道"的提
问，其意是告诉李翱，要想领会到人生之道，需回到人生的原点，领会
事物的本质，悟见自己本来的面目。惟俨禅师的这一充满禅机的答案，
让我们不禁"茅塞顿开"。领导力的本质其实就在于"见悟人性"。

"见悟人性"就需要领导者真正理解、尊重人性，并满足人性的需
求。对领导者而言，了解人性并不难，但他们缺乏换位思考的动机。一
些领导者只是忙于满足自己的人性需求，对下属们的人性需求却充耳不
闻。卓越的领导者则不然，他们认为人都有共同的需求，他们领悟到，
领导之道的核心就在于共赢。

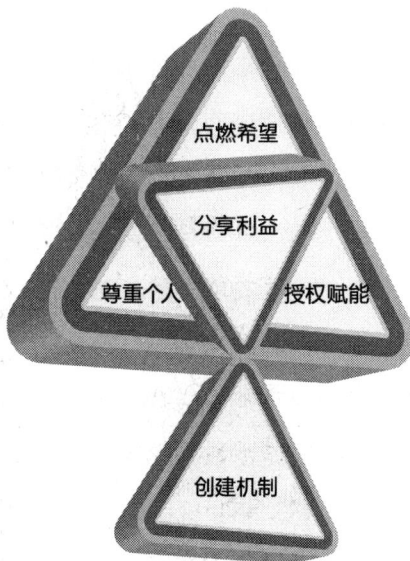

图23　领导力之树

卓越的领导其实并没有密码，我们更应该回到原点来审视领导力。在

此，如果把领导力的发展比喻成一棵大树的生长，如何才能够让领导力之树茂盛地生长？以下五个方面是核心要素。

1. 创建机制。机制是领导力之树的根基，因为人的行为和结果是机制下的产物。我们不妨用一个比喻来说明这一核心问题。假如让张、王两名司机在高速路上开车比赛，看在两个小时内谁驾车跑的距离最远。我们给张司机一辆夏利轿车，给王司机一辆奔驰轿车。结果很明显，王司机一定比张司机跑的距离更远，但我们并不能据此绩效结果来推断张姓司机不努力开车，因为二人所拥有的工具不同，正所谓二者所处的管理机制环境有很大不同。任何人的工作都不能离开组织的环境，而组织的机制、流程等结构性制度正是左右下属业绩的关键因素。

卓越的领导者始终把创建机制放在其领导力的首位。2010年，万科董事局主席王石接受访谈时，曾被问及领导力的核心是什么，王石认为领导者的核心任务是创造一个良好的制度环境，在其领导下所创建的"阳光体制"是促进万科不断发展和成长的动力来源。华为公司CEO任正非认为最危险的组织是依赖个人能力的组织。他强调领导者要通过创建机制塑造组织能力，正所谓"铁打的营盘流水的兵"。华为内部形成了强大的机制，在这种机制中，每个人都是制度或流程的一个环节，相互协作和支持。正是这种机制把个人的能力黏合在一起，形成了强大的组织能力，促进华为多年保持了高速发展。

2. 授权赋能。对一些低绩效的领导者而言，权力和其地位似乎是同义词。他们会不惜一切捍卫自己的权力，塑造权威。然而，通过权力塑造出的权威看似强大实则脆弱。事实证明，卓越的领导者都是善于授权赋能的人。领导者向下属授权，不仅可以向下属传递信任，更能通过权力的转移赋予下属更多的责任，提升下属解决问题的能力。

海底捞董事长张勇在授权方面值得称道。张勇认为，要想让员工能够解决顾客的问题，必须赋予员工解决问题的权力，否则，员工面对顾客的抱怨只能束手无策。在海底捞，张勇授权一线服务员具有解决顾客问题的权力。比如，普通的服务员都有给顾客打折，甚至是免单的权力。这让常人听起来似乎有些不理解，但是，海底捞的这种做法极大地激发了基层员工的工作热情，在信任的氛围中，他们以能解决顾客的问题为荣，其结果是大大提高了顾客的满意度。仅仅只有几年的时间，海底捞已经成为国内知名的连锁企业。因此，领导者的授权为下属们提供了解决问题的机会，并进而帮助下属在解决问题的过程中发展能力。

3. 尊重个人。"尊重"这一词汇好像没有什么新意，但是，要想让领导者真正地从内心尊重下属并不是一件容易的事情。许多领导者高高在上，以俯视的心态关注自己的下属。被尊重似乎成了领导者享有的特权。然而，许多研究表明，领导者对下属的尊重能够极大地提高他们的积极性和动力。

2009年，日本著名管理学家河田信教授到北京大学演讲，他以推广丰田管理模式而闻名。他被问到一个问题：为什么许多中国企业不能学会丰田公司的精益管理模式？河田信认为中国的企业领导者在尊重员工方面做得很不够。他强调，如果离开了对员工的尊重，任何管理都不可能有活力和创新，只有得到尊重的员工才能向领导敞开心扉，提出自己的真知灼见。

王石在万科倡导简单和平等的人际关系，他说："万科文化的核心是对人的尊重。对人的尊重怎么体现呢？就是给予人的基本权利：生存权、隐私权、机会均等和选择权。"在万科，简单的人际关系还体现在上下级之间。万科有个非常强大的"下属文化"，万科内部简单的人际关系还形成了平等的上下级关系，这种平等的关系有利于组织内部的沟通与信息传递。由于下级不需要战战兢兢地看着领导的脸色行事，组织内部的沟通就会非常畅通。有了下级的监督，上级领导更需要以身作则。

4. **点燃希望**。没有追随者就没有领导者。追随者之所以愿意无怨无悔地跟随领导，一个很重要的原因是他能够从领导者身上看到自己未来的希望和生命的意义。在人的生命中，最为重要的是生活的意义，而这种意义的获取和人对未来的希望有很大关系。中国人民大学章凯教授指出，人是一种有意识的、自组织的、寻求意义的观念性动物。人生活的意义就在于不断地实现心中的目标，并不断形成新的目标。换言之，人生命的意义来自希望。

卓越的领导者懂得如何给员工点燃人生的希望。沃尔玛能够从一个小镇的折扣百货店，成长为世界零售大王，就在于沃尔玛的创始人沃尔顿懂得每一位员工都在为生命寻求意义。沃尔玛培养员工献身精神和团队精神的秘诀就在于沃尔玛致力于让所有员工都感觉自己是个成功者。

在沃尔玛，公司员工被称为合伙人，公司不仅为合伙人分享利润，还与他们分享成功的快乐。沃尔玛从1971年就正式开始在公司内推行利润分享计划：凡是加入公司一年以上，每年工作时数不少于1000小时的员工都有权分享公司的一部分利润。沃尔顿虽然在工作上是个严厉和固执的人，但他在工作之余总是找些有趣的事情保持员工的兴趣，不管是著名的"沃尔玛式欢呼"，还是各种比赛、表演都为员工增添了很多生活的乐趣，让员工感觉到沃尔玛是个"温暖的家"，未来充满希望。

5. **分享利益**。利益是管理的永恒话题。人类选择行为的基本法则是趋利避害。懂得分享利益也是领导者最基本的任务。任何领导者要想长期拥有追随者，就必须和追随者建立一个真正的利益共同体。

日本管理大师稻盛和夫的经营原则是"敬天爱人"。真正地爱下属就需要领导者与下属分享利益。分享利益是对员工最基本的尊重，也是对下属劳动和付出的合理回报。早在1996年，任正非就提出华为公司决不让雷锋吃亏，并为优秀员工建立了利润分享机制。据说，目前任正非持有的华为股份不到1%。高薪政策以及基于利润的利益分享机制为华为公司造就了一支"铁军"。正是这支铁军使得华为公司从一家默默无闻的小企业，成长为全球第二大电信设备供应商，2010年的业绩已达到280亿美元。

也许以上五个方面的要素并没有什么新鲜之处，也并不是什么领导密码，但它们恰恰是卓越领导者的本质所在。在这个浮躁、短视的时代里，卓越的领导者更需要安静下来，以追随者为中心，体会这五个要素对领导力的影响。正如电影《功夫熊猫2》中有一句台词所言：静下心来，一切皆有可能。我相信，只要领导者能够真正地静下心来，遵循基本的人性规律，领导一切皆有可能。

郁亮成功接管万科的双重基因
///

2010年上海世博会上，万科投入大量精力，修建了万科馆。而这个展出，名为"尊重的可能"。这个看上去不太像是纯正汉语的表达，其实正是万科一贯的企业性格使然：在和普世商业伦理接轨的方向上，走得比大多数中国企业步伐要快，但依然要面对很多与生俱来的中国公司的顽疾。作为万科总裁及其第二代管理者的郁亮，两个看上去关系并不紧密的关键词"愿景"和"韧力"恰恰成为其领导力基因。

基因一：愿景

万科对愿景的坚持，在20多年的企业进程中始终贯穿。而当郁亮成为第二代管理者之时，他对于愿景的执著和传承很好地沿袭了王石的传统。

20年前，王石率领规模不大的万科，凭借个人魅力就能驱动变革，坚持原则。而在过去五年，作为行业龙头的千亿公司，第二代领导者郁亮面临的情形可谓高处不胜寒。他对王石奠基的万科愿景的坚持，既是他的管理的合法性所系，又是他的重负。

比如，王石定调，要努力使万科成为未来绿色企业，这个目标郁亮在不懈地推进。万科把2010年作为推进绿色战略的重要一年，深圳万科城四期项目则成为国内首个通过绿色三星运营评估的住宅项目，全年万科共落实绿色三星住宅75万平方米，占全国总量的54%。这个数字映衬出的是万科的孤独。

万科在王石时代积极树立建筑产业化大旗。这曾长期被同业当做不切实际、不符合中国国情的徒劳行为。万科内部也一直有人认为，住宅工业化成本过高，企业负担太大，短期内很难全面展开。但在郁亮的推动下，万科不断尝试，逐步取得成果。2008年，万科开工的住宅工业化项目建筑面积超过60万平方米，到2009年达到120万平方米，2011年超过300万平方米。

和王石一样，在众多闷声发大财的同行之中，郁亮谈得最多的是企业的社会责任，比如如何给穷人盖房等。这或许是一种高明的策略。为此，万科比起其他企业付出更多的商业伦理成本。

曾几何时,王石就为万科的未来设计了一条遵循普世商业价值的狂飙突进路径,而对郁亮来说,他需要的就是坚定地把握住方向盘。高举万科的愿景大旗,并协调好其他资源,是郁亮掌控这家千亿公司的法宝。这是他和其他大多数企业第二代领导者鲜明区分开来的特色。

基因二:韧力

博斯公司大中华区董事长谢祖墀研究认为:"在保持远景战略目标的前提下适应连续、间歇性的变化能力称作'韧力',这是优秀企业不断保持竞争优势和前进趋势的内在原因。"

在企业,管理者个人领导力的韧力同样非常重要。而郁亮的身上就充满韧力。

2002年郁亮接任总经理,2004年王石正式宣布退居二线,将郁亮推上前台。其实在万科草创时期,曾有过九名副总经理,且每名副总经理后来都颇有一番成就。其中除了姚牧民短期接掌总经理职务,其他八人先后去职,在商界各有发展,并成为万科系的一段佳话。

万科历史上第二任总经理姚牧民,和第一任总经理王石只差两岁,因此他在1999年接任总经理时被视为过渡。2002年,姚牧民因个人原因(移民澳洲)辞职。他后加盟合生创展、佳兆业等。

还有一位曾代替王石掌管公司近一年的高管——蔡顺成。蔡顺成比王石年长,是万科草创时期的骨干,一度担任万科的常务副总经理。1998年,他和另外一位副总经理黄胜全,与万科分家,独立发展。陈祖望曾担任万科财务负责人、副总经理,是万科草创时期的骨干,年纪比王石更大。陈祖望一直留任万科董事至2003年3月。跨界发展名声很大的

徐刚，是万科最早一批副总经理之一，曾任万科外贸业务负责人。徐刚2001年辞去万科董事职务，独立发展。

近年，万科狂飙突进招纳的多名明星职业经理人，都是以资深副总裁、执行副总裁等职位加盟。郁亮之所以能独立群雄，一是因为他年轻，20世纪60年代生人；二是因为他很早就介入资本运作层面，对于强调专业化的地产公司来说，领导者熟悉金融比熟悉业务开发更重要；三是因为他参与了万科发展的主要历程，21年的公司服务年限，是近年加盟的几位来自世界500强的职业经理人不能相比的。

在姚牧民之后，和郁亮同样资历的也有三四名青年骁将，而郁亮能够顺利接任万科第三任（第二代）总经理，与其独特的不显山露水、注重实干的风格有关。郁亮具有极强的韧力，这意味着要厚积薄发、不张扬、善于团结各方力量、善于长跑。用"重剑无锋"来形容态度温和的郁亮颇为合适。

郁亮曾笑言，出任万科行政一把手后的很长时间内，自己没有卖过楼，也没有现场拍过地。这样一位与前线业务有着距离的总裁，他之所以比较顺利地领导万科集团上下数十个城市两三百个开发项目，得力于万科相对完善的制度，以及他对下属的授权。

在郁亮时代的万科，授权得到充分发挥，动辄数十亿元的地块购买，往往都是分公司的80后经理层主导。有趣的是，虽然处于传统得不能再传统的行业，又与金融领域有着千丝万缕的关系，可偏偏是在郁亮治理下的万科，这种对下属层层授权所产生的良性效果比互联网公司和新产业公司都要明显。这也是万科能够年销售额冲破千亿元的关键。

2011年，万科出现了前所未有的高管离职潮。郁亮的回应是，万科的人员流失率是最低的。其实高级职业经理人的去职，在王石年代和短暂的姚牧民年代都出现过。万科基本上两三年就会有一批高管离职。对此，郁亮一度主导推出了期权奖励制度，回馈骨干人员达到数百人。不过，由于万科的行权制度要求较为严苛，直接与股价挂钩，这样一旦遇到股市的熊市，很多高管的期权收益就难以实现。但对那些完成一年百亿元营业额的地方大员来说，他们或许更看重的是自己的个人发展空间。郁亮要做的不是挽留这些王石时代留下来的高管，而是培养一批批未来的生力军。

王石与郁亮

万科创始人王石性格鲜明，具有一切创业家的特点：视野开阔，性格强悍，富有开拓精神，执行力强；又有着中国式企业家的特点：富有个人魅力，强人风格以及强调特立独行的自我。王石身上至少有三层性格：万科的创办人、中国式的职业经理人和社会名人。

相比之下，郁亮具有典型的职业经理人的优点：注重制度、强调专业、维护企业整体形象、耐心沟通以及强调生活的丰富与趣味。

这两人之间的关系，简单来看可视作中国典型的第一代创业家和第二代职业高管，但不能用简单的继承和超越来看待，因为今天中国的营商环境依然不完善。万科因为规模足够大，经理人足够多，且行业利润率超高，所以才能有余暇让郁亮去坚持愿景和进行现代企业制度的尝试。

我们可以看到，今天的大企业集团中，即使是第二代企业领导者，他们大都还与第一代创业家的风格类似，铁马金戈，野蛮生长。在第二代企业领导者中的典型职业经理人，包括郁亮在内，虽然风格内敛，但他们依然不缺乏狼性。王石不常有，郁亮也不常有，他们都和万科这个平台相应相生，合理延续。

新东方：从个体户到开放式的股权结构
//

2011年对俞敏洪和新东方教育科技集团来说，注定是充满变化和极不平静的一年。他对新东方进行大刀阔斧的改革，将大部分管理权力移交给"新三驾马车"中的陈向东和周成刚；而自己则专注于扮演战略制定者、精神教父和形象大使的角色。

20年前，即将步入而立之年的北大英语系青年教师俞敏洪辞职下海，跑到大学校园里刷海报，为自己开办的英语培训班招揽学生。那时的他，做梦也想不到自己一手创办的新东方，在20年后市值超过40亿美元，成为中国最具市场价值的教育培训公司。资料显示，2011财年，新东方语言培训和考试辅导课程注册学生总数高达208.96万人，这与冰岛或者不丹一国的人口数大体相当。

然而，逐渐成长壮大的新东方慢慢不再只属于俞敏洪——公司运行有其内在的商业逻辑。俞敏洪以行动手绘了一家中国本土企业提升公司治理的进化路径，借用俞敏洪自己的话说："新东方的管理制度是从个体户开始的，从家族制又走向合伙制，然后是乱七八糟的股份制，又走向了开放式的股权结构。"其间的变革常常因为形势所迫，但幸运的是，俞敏洪每每能及时感知变革的需求，并几度绝处逢生。

崩塌的合伙制

俞敏洪的创业史早已被大众所熟知：1991年俞敏洪辞职后，曾在北京一些民办学校从事教学与管理工作，后通过疏通关系，获得了一张开办私人学校的许可证，在1993年11月正式注册成立了北京新东方学校。创业初期，俞先是在妻子的协助下开办英语培训班，向学员提供各种类型的英语培训课程，学员缴纳的学费构成经营收入的主要来源。

俞敏洪至今都非常怀念那段个体户时光。"有人问我，创业以来哪段时间最舒服？我依然要说做个体户的时候最舒服，什么事情都是自己说了算，赚的钱直接背回家。"以至于"用麻袋装现金"衍生出的各种段子曾在江湖中广为流传。

1995年，新东方的学员突破了1.5万人次，做到了一定规模的俞敏洪希望能够找到合作者。1995年年底，他专程跑到美国和加拿大招揽以前的同学和故旧。徐小平、王强等标杆人物陆续加盟，新东方过渡到"合伙制"阶段。

彼时，新东方的商业模式简单明了：办班—招生—收费。办班的课程主要是各种英语考试，尤其是以TOEFL、GRE、GMAT、雅思等出国留学的英语应试课程为重心。市场需求巨大，又有"三驾马车"为代表的名师团队，新东方的课程很快风靡全国高校，迎来潮水般的增长态势：1999年新东方学校一年培训学生10万人次，2000年为15万人次，2001年为25万人次……

俞敏洪如今回想起来，1996～1999年仍是一段非常甜蜜的合作岁月，新东方仿佛聚拢好汉的梁山，大家是事业上的好伙伴，更是生活中的好兄弟。几个合伙人都是性情中人，且才华横溢，具有狂放的文人特性，经常聚在一起"大口喝酒,大块吃肉"。然而,兄弟情很快也陷入组织壮大和个人利益之间复杂的博弈当中。

和君咨询集团董事长王明夫在2000年春受聘为新东方的管理顾问,而其时新东方一片繁荣景象的背后,已经暗藏管理乱局和危机。据其后来撰写的管理案例披露:"当时新东方的总体格局是:大牌子底下的一群个体户,各显神通。他们依据'分封割据、收入提成'的方式,各自把持一块业务,有的把持了TOEFL和GRE,有的把持了雅思和GMAT,有的把持了英语口语和会话,有的把持了英语写作,有的把持了出国留学咨询……在各自把持的领地上独立经营和收利,一起支撑起新东方的品牌影响力和总体业务规模。"

现任新东方执行总裁的陈向东将此称作"承包制"。王明夫点评这种承包制的实质是"分封聚众,谁耕种,谁收获,激励非常到位,一批能人因此而啸聚新东方"。不过这种承包制走到2000年后,已经难以为继。

"领地"有肥瘠,据守贫瘠领地的人想方设法染指和入侵肥沃的领地;而据守肥沃领地的人则想方设法防范、阻止和抗议入侵者。由此引发的纷争、指责和相互攻击,几无宁日。斗争肇始的根源就在于产权不明,"分灶吃饭"的新东方究竟属于谁?这个问题迟迟没有得到解答。

王明夫形容新东方学校当时的产权状况是"民办公有":俞敏洪及其家族成员一直把持着新东方的关键部位,行使管理权力,各路诸侯在"收入提成、分灶吃饭"的分配模式下共享权益。然而,随着新东方日渐壮大,尤其开始异地扩张后,未来如何分配利益的矛盾日益凸显,他们再也不相信俞敏洪家族在分配过程中不带一己私利。直至2000年,新东方都没有统一的财务部门和财务管理制度，收支和结算各自为政，财务隐患暗流汹涌。

于是，新东方以股份制改造进行利益共享的设想提上日程。

和而不同的股份制

在和君咨询设计的管理方案中，核心的条款是：在"新东方学校"之外，构建一个规范的公司化运作主体，注册成立新东方公司，让学校的创业元老和关键人物成为公司股东，依据对经营发展的贡献度和重要程度分享股权，通过股权增值来实现股东收益的最大化，股东的利益在产权层面上被捆绑在一起。由于新东方学校产权上属于国家，不适合具体公司化运作，因此在具体运营上，"做虚学校、做实公司"，学校维持品牌，公司做实经营。

2001年，新东方教育科技集团成立。在将新东方升级为集团公司的基础上，实现公司的整体布局、资源调配和工作分工，将个人能力和资源纳入公司的组织功能体系当中，各司其职扮演好各自的角色、发挥各自的岗位职能。新东方2000年以后着手建立系统的管理制度，如财务报表，这让不擅长数学的俞敏洪曾经感觉"很痛苦"。

但是，王明夫等人并没有将方案实施完毕，在一年多以后就退出了新东方。随后，一家国际咨询公司进入，不过依旧没有厘清新东方的股权结构，最后不了了之。陈向东道出了其中的原委："以前每个人承包一块，现在变成了股份制，那么每个人应占多少股份？其次，不同业务分割的权力被收上来之后，谁说了算？谁管谁？谁向谁汇报？第三，即便是确定了这些问题之后，如果出现了新的领域和项目，让谁去做？"——

正如有句谚语说的："没有永远的朋友，只有永恒的利益"。

俞敏洪事后毫不讳言："新东方从不守规矩到守规矩至少用了两年时间。我们在一起讨论董事会章程、公司章程、日常行为规范，但在平时做事的时候，从我到身边所有的人，几乎每一件事都违反了规矩。刚开始顾及哥们儿义气，还不好意思明说，后来，新东方形成了一种奇特的方式：每当谁违反了规矩，大家就聚在一起开会，那时每天至少都有一个会，慢慢地规矩体系浮出水面。"

2002年之前的新东方经历着复杂而痛苦的公司变革，甚至俞敏洪个人，曾几次从核心领导岗位上"被下岗"，公司治理和经营几度陷入危局，甚至团队中开始有"散伙"的声音。关键时刻，俞敏洪确立起了绝对权威和经营主导权。

当时，俞敏洪主管的业务盘子最大，挣钱最多，对于股份分配改革，他决定："自己不控股，按照新东方最原始的股权结构，我最多拿到45%，而如果把原来的业务统统放在一起的话，我赚的钱远远超过了45%。"他以身作则，除了分红，绝对不从公司随便拿钱。这些强有力的信号让管理层的心思安定了下来，而这恰是咨询顾问解决不了的。其后，创始人"三驾马车"中的徐小平和王强淡出管理层，变身为股东退居二线，时至今日，这三个好朋友还会偶尔在新东方的活动上碰面，闲时在一起聊聊天。

2010年11月2日，徐小平和俞敏洪还相约在北京西城区金融街丽兹卡尔顿酒店的大堂吧，促膝长谈了整整一上午。在此之前，徐小平曾花5个小时写了一封邮件给俞敏洪，阐述他自己对新东方的看法。在邮件中，徐小平毫不客气地批判了他认为新东方正面临的五大问题：营销方式落后、一直以来在兼并和收购上不力、缺乏对管理层的制约、产品创新的丧失、缺乏精神思想上的创新。第二天俞敏洪回复徐小平:"读完邮件,感觉如沐春风。"后来,俞还将这封邮件转给了新东方的所有高层,在新东方的高管会上,他也当众朗读了这封信,他的目的想必是要唤醒所有高管的紧迫感。

事实上,新东方之所以能和而不同、争而不散,与俞敏洪个人和新东方人的整体气质密切相关。新东方执行董事兼高级副总裁周成刚如此评价道:"新东方没有散伙,跟俞敏洪的个人魅力,跟他乐于分享的思想有很大关系,他愿意拿出更多的股份与大家共同分享;此外,新东方的管理层尽管每人个性都不一样,可是大家有一些共同点,比如对于教育的使命感。有了分歧和矛盾大家可以拿到桌面上说,说完了一道想办法解决。"

2003年,俞敏洪重新成为新东方集团董事长兼总裁,他逐渐把家族成员从公司撤离,新东方的家族色彩慢慢褪去。同年9月,担任武汉分校校长的陈向东和上海分校校长的周成刚同时奉调进京,陈担任集团副总裁兼人力资源部总监,主抓市场公关和人力资源;周担任副总裁兼北京新东方学校校长。而在此前,新东方总部没有真正意义上的副总裁职位——由此新东方确立了新的"三巨头"。

在理顺了股权结构、建立新管理架构之后,新东方改变了"分封割据、收入提成"的个体户经营模式,逐步过渡到组织化和流程化的运行体系。公司在决策机制、产品研发、市场营销、人力资源、品牌建设和传播、财务管理、组织管控、IT等方面,初步建立起一整套相对完整的规章制度、功能体系和企业文化。

矩阵化管理架构

2004年12月，美国老虎环球基金作为战略投资者正式投资入股新东方，出资2250万美元，占有新东方10%的股权，并以合同条款约定：凡是新东方私募融资，老虎环球基金拥有优先认购权。对此，周成刚评价说："来自华尔街的老虎基金加速了新东方现代企业制度的建设，比如签字的流程、预算的制定，每年确定的业绩成长都要求你也有自己的想法；重大决策必须经过董事会，不能由家族内部说了算；而且强调总部和各地区分校之间，职能分工要明确。"

令周成刚印象深刻的是，老虎基金进来后，首先要求聘请一位国际财务总监。过去，新东方认为，财务只要把账算清楚了就可以。可是面临上市路演，新东方必须学会用投资人听得懂的财务语言，讲清楚2011年可以挣多少钱，2012年能赢多少利，未来具有多少成长的空间。与此同时，新东方建立了新的财务体系，实现了总部对财务信息的掌控。由于国际投资机构的参与，新东方在体系建设方面"走了最近、最省时间的路"，迄今，新东方的公司治理在行业内依然领先。

2006年9月，新东方公司在纽约证券交易所正式上市挂牌，募集资金超过1亿美元。私募融资和成功登陆纽交所IPO，成为新东方完善公司治理、改进内部运营的关键举措。俞敏洪曾经不止一次表达过，他希望能够借助上市，让新东方告别草莽时期的种种不规范，告别虽然快乐、痛快但却必然难以持久的"水泊梁山"时期。以结果看来，他的这种努力显然是成功的。仅仅在新东方的组织架构上，他就让原先的学校校长直接对接包括他在内的管理者，变成了目前看来还颇有大公司架构的矩阵管理模式。

公众股权
38.18%

Tigerstep Developments
Limited——俞敏洪母亲
名下公司
31.18%

三位高管谢东莹、周成刚和
陈向东持有的股权
1.06%

Forthright Trading
Limited——杜子华名下公司
4%

Peak Idea International
Limited——徐小平名下公司
5.23%

2006年上市
之初新东方
持股结构

老虎基金
14.91%

Capital River Group
Limited——实际控制人
新东方约300名雇员
5.44%

俞敏洪拥有
公司股权
18.50%

公众股权
39.60%

其他管理层
1.20%

截至2010年
5月31日，新东
方股权结构已
发生很大变化

Tigerstep
Developments
Limited
18.50%

摩根士丹利
6.50%

J. Stephen F. Mandel,
Jr. and affiliated entities
6.50%

爱丁堡资产管理公司
9.20%

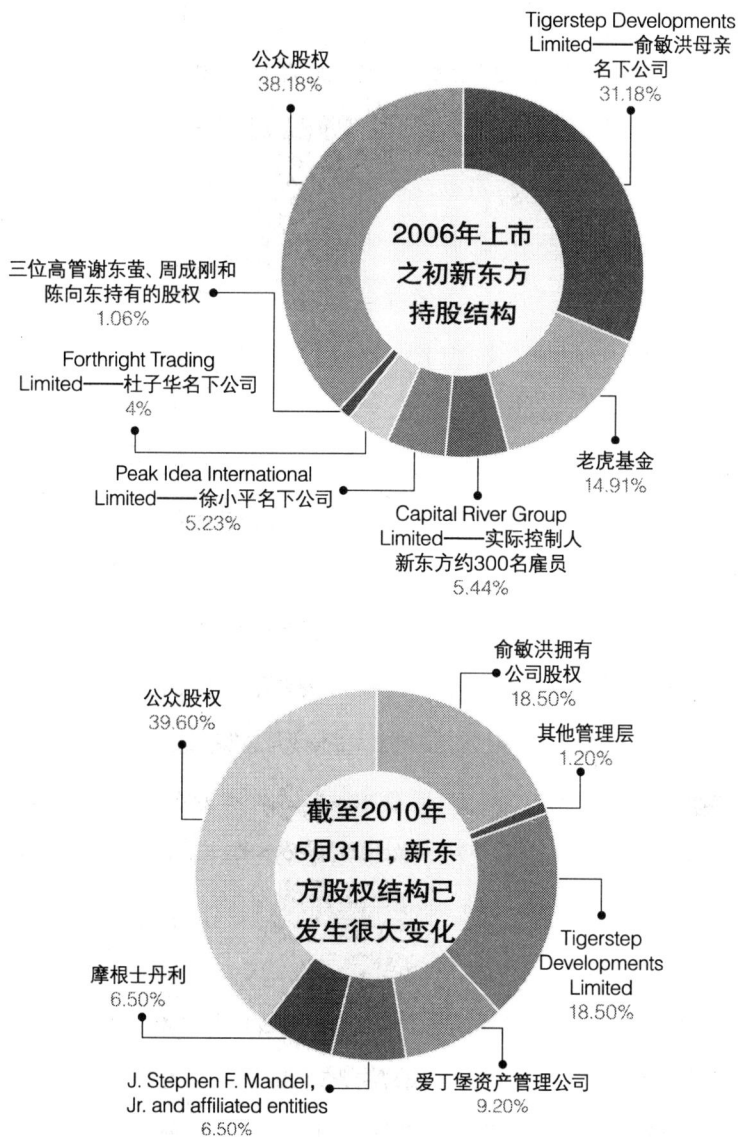

图24 新东方股权结构图

以俞敏洪、周成刚和陈向东三人为核心的矩阵管理模式形成于2009年的5月份，单纯从管理团队来看，这三个人的管理新三角从2003年9月周成刚和陈向东调回北京总部就没变过。不过由于新东方销售的是一种特殊的产品：教育和培训服务，情况会稍微复杂一些。新东方的"矩阵化"管理架构历经几次修订完善，终于确定下来：陈向东负责横向的41所学校的管理，周成刚负责纵向的各个项目的管理，俞敏洪统筹整体工作并且负责教育培训业务之外的产业板块，陈向东和周成刚直接向俞敏洪汇报。而由他们参与的、俞敏洪领导的总裁办公会是所有重大决策的决定机构，周成刚和陈向东分别通过自己组建的项目管理办公室和学校管理部门来行使自己的管理职权。

淡出镁光灯的创业者

2006财年至2011财年，新东方的营业收入从9452.2万美元增加到5.58亿美元，年均复合增长率超过40%，净利润则从488.5万美元增加到1.02亿美元；截至2011年8月5日，股价报收111美元，一路高歌猛进。

与此同时，新东方整体员工数也从三千多人激增到了两万多人，迅速膨胀为一个拥有50余家分校、雇员超过2万名的庞大机构，此时沉淀在系统内的低效率也日益发酵。财务表现开始出现预警：2011财年第二财季（截至2010年11月30日）财报显示，新东方当季同期总净营收同比增长56.3%，达到9570万美元；运营亏损同比增长125%，达到210万美元。持续的高增长之下，经营缺乏协同性的弊端日益显现，这种不协同的背后，有其深刻的历史背景。毕竟，新东方统一的总部管控体系从2003年才开始全面推进，但是，在业务高歌猛进的情况下，权力倾向分校一线的传统保留了下来。"校长负责制"仍然不可撼动，新东方总部职能模块的管控力度仍然非常弱小。

对此，新东方高层忧心忡忡：如果继续"放羊式"的管理模式，教学品质无法统一管控，将侵蚀新东方的品牌，产生巨大的品牌风险。总部仅仅输出品牌、企业文化这类平台资源是远远不够的。更何况，后来者如学而思、环球雅思等正在奋起直追。

要终结这种模式，新东方集团总部需要承担"赋能"的角色，陈向东希望大的标准、系统、研发、项目流程的管理等均要出自集团，与之相应的，后台的薪酬制度、股权激励、福利组合等等，都由集团层面策动。这样可以形成总部整合、支援与地方一线快速响应协同共进的局面：一旦新产品出现，标准化之后，借助新东方品牌和遍布全国的网络优势，迅速复制。但是，新东方此前类似"三寡头"的权力组织架构以及俞敏洪本人的个性，却无力推进系统内的整合。

此前，在核心团队分工上，俞敏洪是大家长，统管集团公司副总裁和各职能部门的总监，再通过总监管控到分校各专业职能部门的主任；陈向东则主要管理50多所分校的校长，校长们向陈汇报工作。然而，各分校的教学部门负责人的汇报对象是周成刚，同时，周成刚还管理教学培训业务之外的其他业务（目前占新东方营收15%左右），如"前途"出国咨询和出版业务。这种复杂的矩阵式管理架构，导致总部对分校的管控力被切割，"三寡头"对分校业务情况的了解和掌控都是片面的。

俞敏洪本人，也明显意识到自己在执行力方面的欠缺，因为"要顾及很多的面子"。相比而言，陈向东的执行力和创新变革能力更强，"即使知道对方有障碍，他还敢于去推动"，所以，陈向东是新东方变革的最合适人选，更何况陈较之俞和周年轻9岁，这是个很合适的年龄梯度。

于是，2010年11月，俞敏洪果断宣布了人事和组织结构调整：任命陈向东为执行总裁、任命周成刚为公司董事，并调整了两位副总裁的工作。陈向东出任执行总裁后，整体权力格局发生了如下变化：俞敏洪将职能部门的权限让渡给陈向东，由另外一位副总裁分管校长，副总裁直接向陈汇报；周成刚的主管领域集中在前途出国咨询和北京分校，不再主管总部范围内的管理事务，在行政序列上，也是对陈汇报工作。这样，陈向东成为公司战略执行的核心人物，基本实现了事权统一。

而俞敏洪给自己的定位则是，开始专注于扮演战略制定者、精神教父和形象大使的角色。他说自己已经放权，"现在新东方的主要管理干部都是陈总在管，我主要是抓非执行层面的事情。比如说参加社会活动、做一些公益事业、跟政府打交道，等等。如果说没有变的，就是我依然对新东方的精神文化结构会比较关注，还有我对陈总工作的支持是一如既往的不能变，别的我觉得都可以变。"不过，"俞老师"始终不可或缺，他是一个个性鲜明的标签，代表着新东方精神，更何况，他仍然是新东方最大的个人股东，拥有超过18%的股权。

被授权在新东方体系内推进整合，陈向东任重而道远，比如官网XDF.CN上线是陈向东在信息化建设方面力推的项目之一，旨在整合内部资源，构造统一对外的在线服务平台。而在俞敏洪眼中，XDF.CN上线只是"这场变革的十分之一都不到"，未来将有更多的整合工作需要陈向东出面，他将不得不直面体系内的各种弊病。

在这场公司治理改良的运作中，俞敏洪仍然在不断调试自己的位置，可能还要继续放权，甚至逐渐走出镁光灯的焦点。事实上，过去20年间，他一直不停地在调整自己的定位——从老板到合伙人之一，从一个全权负责运筹的创业者到逐渐脱离行政业务的股东。

三一重工赢在全球战场

///

2010年10月，有着"神州第一吊"之称的三一重工SCC4000型履带起重机参与举世瞩目的智利矿难大救援；2011年3月，日本福岛核电站因大地震引发核泄漏事故，三一重工一台价值百万美元的62米臂架泵车第一时间驰援灾区助力抢险。三一重工这个中国企业的名字，让"中国制造"获得了越来越多的国际认可。

三一重工是全球最大的混凝土机械制造商，也是中国最大、全球第六的工程机械制造商。近年来，三一连续获评为中国企业500强、工程机械行业综合效益和竞争力最强企业。2009年9月，美国波士顿咨询集团对全球14个产业的712家上市公司的调查称，2005~2009年，三一重工股东回报率位居第五，在全球工程机械企业中排名第一。2011年，三一重工以215.84亿美元（折算人民币约1395亿元）的市值首次入围全球500强，位列第431位，成为中国机械行业首家进入世界500强的企业，也是榜单中唯一的中国内地民企。

国际化是唯一选择

三一重工把成为世界500强企业作为中长期奋斗目标，为了实现这个目标，国际化是唯一的选择和途径。三一重工董事长梁稳根认为"如果没有国际化，三一重工最多就算个大一点的个体户而已"。三一重工的国际化之路已经走过了三个阶段，即2002～2005年的出口阶段，

2006～2009年的海外投资阶段和2009年开始的本土化和全球化资源配置阶段。

在第一阶段，产品走出去，提高品牌和国际市场上的快速反应能力。三一重工从首次出口4台PQ190平地机到印度和摩洛哥开始，到后来将产品批量出口到115个国家和地区，年出口额达到5.23亿美元。

第二阶段，企业走出去，在海外进行投资设厂。以印度工厂正式投产为标志，三一重工先后投资美国、德国、巴西、印度尼西亚等地建设科研生产基地，开始了投资、设计、生产、销售一条龙式的本土化全球发展之路。

第三阶段，则是资本走出去，通过国际化的资本运作，去整合全球范围的人才、资本、市场等资源，真正成为世界级的一流企业。

三一重工已经完成了战略中的前两大步骤。到目前为止，三一重工在全球已建有30个海外子公司，全球已建成15个物流中心，业务覆盖达150个国家，产品批量出口110多个国家和地区，超过1300名营销和服务人员常年在海外为全球客户提供产品和服务，并在印度、美国、德国、巴西、非洲等相继投资建设工程机械研发制造基地，国际发展架构已基本成形。目前海外业务占三一重工营业总收入10%左右，他们的目标是在2012年产值达到1000亿时，其海外销售要占30%的比例，争取2015年时达到50%。

三一重工一路走来，从一家小型焊接材料厂成长为中国工程机械行业的龙头老大，并成为世界市场上的重量级选手，其成功与其20余年来所坚持的自主创新道路密不可分。而三一重工在海外拓展活动中产品出口的快速增长、直接投资模式的顺利落地、本土化和全球资源配置能力的有效实现、对发达国家竞争规则的成功应对、国际品牌形象的大幅提升，也都以其坚实的自主创新能力为后盾，并在自主创新这条主线中环环相扣，融合为有机的一体。

自主创新打造行业霸主

实际上，对于三一重工这样的中国企业来说，在国内市场上的成长与发展，无可避免地要与国际一流大企业短兵相接，本身也可以看做其全球拓展活动的前奏。

1994年，当三一重工初探工程机械行业时，在这个领域95%以上的产品是外国品牌。当时三一重工发展路径基本无非两种选择：一种是斥巨资引进跨国公司的技术，走引进、消化、吸收的路子；另一种是与国外企业合资合营，共同开拓市场。对于三一重工而言，这两条路都走不通：购买技术，一是缺乏资金，二是欧美的行业巨头对输出技术设置壁垒，三是西方的技术并不完全适合中国市场；而合资之路，无论从规模还是名气上，那时的三一重工都入不了外资巨头的眼。三一重工唯一的选择就是走自主创新之路。

20余年间，三一重工相继推出的世界首创全液压平地机、世界首创微泡沥青水泥砂浆车、亚洲最大吨位全液压旋挖钻机、亚洲功率最大的全岩掘进机、刷新吉尼斯世界纪录的72米臂架泵车、世界最大型正面吊、"全球第一吊"的3600吨履带起重机等，标志着三一重工已掌握了完全自主知识产权的全球顶级工程机械的研发技术和制造能力。而目前工程机械这个领域的外国品牌市场占有率已经不超过5%，其他95%以上的市场由中国企业占领，其中三一重工占据了接近60%的市场份额。

2011年4月由国际行业顾问Yengst发布的2010年世界混凝土机械行业

统计数据显示,三一重工以27.2亿美元的混凝土机械年销售额位列世界第一。这也是三一重工自2009年一举超越德国普茨迈斯特后,第二度荣膺该领域的全球冠军。不仅是德国的普茨迈斯特,美国的卡特彼勒、日本的小松等世界级工程机械企业也纷纷将其列为未来5年最主要的竞争对手。

三一重工的全面开花,得益于其整体技术创新平台的建设。从1998年起,三一重工先后编制出台《三一重工研发体系规划》、《三一研发核心能力建设规划》等战略规划,明确了技术创新平台建设在公司发展中的核心地位,并以体制机制建设、创新能力建设、创新文化建设为基础,以人才集聚培养、产学研合作、知识产权、标准化为手段,全面推进研发观念更新和创新体系建设。公司每年都将销售收入的5%~7%投入到研发中,而欧美同行通常投入的比例不会超过3%;同时,三一重工有超过5000人的研发队伍。而在工程机械行业,跨国公司拥有500人以上的研发队伍,就已经算很多了。三一重工凭借"工程机械技术创新平台建设"项目荣获了2010年度"企业创新类"国家科技进步二等奖。

海外直接投资模式

三一重工执行总裁易小刚说:"有了核心技术研发和国内市场验证,海外拓展才更有底气。" 走自主创新之路成就了三一在中国市场的霸业,而在国外,凭借多年自主创新的自信与实力,三一也走出了一条具有自己特色的海外拓展道路,即一直坚持自己投资建新厂、组建新的研究中心的发展战略:

2006年,三一重工在印度投资6000万美元建设工程机械生产基地;

2007年，三一重工在美国乔治亚州投资6000万美元设立制造基地，成为中国第一家在美国投资建厂的机械制造企业；2009年，三一重工在德国北威州贝德堡市投资1亿欧元建设研发及制造基地；2010年，三一重工投资2亿美元在巴西建设制造基地；2011年，三一重工斥资2亿美元在印度尼西亚设厂。

中国企业在海外拓展，进行收购兼并的比较多，但是直接投资新建工厂的很少。三一重工总裁向文波认为，中国的企业从事海外并购目前成功的案例仍然非常少见，其原因一是中国企业家本身的经营能力尚未得到世界的认可，二是多数中国企业尚未真正拥有自己的核心竞争能力，不足以支撑中国企业去兼并和重组外国企业，也无法有效地消化收购企业本身所拥有的技术、渠道、体系、人才等资产。向文波说："就国际化发展路径而言，我个人认为通过兼并和重组的方式不能说不行，但我们三一重工自身的发展历史就不是靠大规模兼并和重组实现规模扩张的。"

在中国通过自主技术创新取得的成功，给了三一重工以特别的自信和实力在海外独立发展。同时，三一重工的自主创新模式作为其核心竞争力，其在海外的发展和成功也离不开这个核心竞争力在全球范围内的延伸。不同国家和地区对相同的产品有不同的性能要求。三一重工副总裁周福贵认为三一重工在海外市场立足的根本首先就是创新，特别要根据客户的需求进行创新。海外直接投资模式可以更好地实现这一战略目标。

向文波认为，这种直接投资的方式可以自己控制投资的规模和进度，与兼并模式相比，能够极大地降低企业的风险；直接投资可以完全按照自己的思路规划企业的发展，包括生产组织方式、研发以及对全球的战

略布局等，而如果是兼并企业，则这种调整就要受到种种约束，比如员工规模、裁员人数、工资、福利等。同时，新建一个自己的企业可以减少企业文化冲突，在企业的经营过程当中，大幅降低文化整合的难度。

规则与标准的竞争

国际竞争的最高层面是规则的竞争和标准的竞争。易小刚认为："自主创新是矛，知识产权是盾，在市场竞争中，只有一只手挥舞着自主创新之矛冲向国内外市场，另一只手则紧握知识产权之盾牢牢守住市场份额，企业才能引领高增长。"在国际市场竞争中占据主动，多年的自主创新，使得三一重工在知识产权方面硕果累累，建立了自己的技术壁垒。

1998年，三一重工只有4件专利，至2011年3月底，三一专利申请总数已达2697件，授权1622件，居中国工程机械行业第一名，年均增幅50%以上。其主导产品混凝土输送泵、泵车所申请的58项专利已100%转化为生产力。正是这种进攻和防御相结合的技术策略，充分适应了国际化的发展需求，使得三一重工在国际工程机械业界牢牢掌握了主动权。

吉利"蛇吞象"后的创新演练
//

在通往古巴重要名胜风景区的公路上，产于中国浙江吉利汽车的1200台旅游用车正在飞驰。鉴于2009年进口的这批汽车良好的公路与安全表现，古巴旅游部部长Manuel Marrero Cruz已决定同意下属公司向这家中国公司再进口500台自动挡汽车。

　　李书福知道让古巴所有的旅游地实现"满城尽是吉利车"并不遥远。因为最新向古巴出口的500台汽车中，按照C-NCAP五星最高安全标准设计的吉利"帝豪"，已经扛起了"高性能、高品质"的国际大旗。

　　与此同时，李书福刚拿到手里的沃尔沃这张王牌，还在积蓄另一种力量。

　　面对各种质疑，李书福仍然需要不厌其烦地解释。问题主要集中在怀疑吉利对沃尔沃究竟有多少消化能力。虽然朴实的李书福一再表示"吉利需要沃尔沃，而沃尔沃更需要中国"，但他明白事实胜于雄辩。

　　并购沃尔沃之后，李书福在内部提出两个重要的"冲击说"：一是在人才创新上发起冲击，二是在技术创新上发起冲击。这样的口号听起来并不新鲜，但这恰恰说明，吉利需要在人才与技术基础建设上进行一场"恶补"。

破解人才倒挂结构

　　从"四个轮子加一张沙发"到"蛇吞象"后的国际化，李书福正在试图压缩管理基础的建设周期。

　　吉利集团公关总监杨学良称："并购沃尔沃之后，我们将形成两线运营，即沃尔沃和吉利本身，而吉利这个原来的品牌将成为集团品牌，它将通过帝豪、英伦、全球鹰等三个品牌来运营全部的吉利产品。对于今后的沃尔沃运营上，我们正在加紧运作公司管理体系内的建设。"换言之，吉利准备通过建设自己的管理体系，做好与沃尔沃之间的管理无缝连接。

但是，包括吉利在内的中国制造企业，长期存在的问题就是缺乏核心技术、缺乏创新人才。对于这两大基础性薄弱问题，仅仅依靠并购国际品牌能否解决？李书福认为，企业竞争力与企业成败的主要因素，就是人。在他看来，构建企业的"人才森林"才能让企业创造出核心技术。

吉利目前的人才结构呈一个倒挂的梯形。在梯形的上部集中了行业最顶尖的精英，比如在沃尔沃系里有大众的北美CEO斯蒂芬·雅克布、菲亚特原CEO赫伯特·德梅尔、瑞典华轮-威尔森船务公司原总裁约恩·方斯·施罗德、殷拓集团亚洲公司原CEO霍建华等，而在吉利总部，则有原任职于戴姆勒-克莱斯勒技术中心的赵福全、北汽控股集团原总工程师童志远、英国石油集团原高管袁小林、菲亚特集团动力科技中国区原CEO沈晖、海尔原人力资源总监魏梅、福特中国原副总裁许国桢等人。但是，这种头重脚轻的人才结构，是李书福在收购沃尔沃之后亟待解决的问题。

在公司内部，李书福提出一个叫"元气动力"的概念。这个概念最初由人力资源部提出，始称"原动力"，但是李书福认为"从中国人的《易经》角度，元气才是人的动力之本"。

而所谓的"元气动力"，实际上是所有员工发自内心的心愿，与公司愿景一致，并急需激发出一种积极主动、创造性的内在精神力量。吉利为此推出了三个创新基础项目："问题解决票"、"我为生产一线出把力"、"管理岗位末位淘汰"。

"问题解决票"和"我为生产一线出把力"两个创新项目，前者通过把问题即时暴露出来，职能部门及科室人员得到信息后在规定时间内进行有效解决，不仅实现"有了问题，立刻暴露，彻底排除"的目标，而且消除了原来职能部门与生产一线单位之间互相推诿的不良现象；后者是非生产人员每人每月至少抽出1个工作日到生产一线进行顶岗，让职能部门主动地为一线单位和一线员工服务，减轻一线员工的劳动强度。

而"管理岗位末位淘汰"则实行内部竞聘的方式，即把绩效不好的管理岗位拿出来竞聘。其做法有"三关"：第一关是资格审查，即对学历、工作经验等任职资格进行核定；第二关是吉利评价中心的测评，即各竞聘候选人首先进行职业经理人在线心理测评，其次是根据管理者对素质模型指标进行测评；最后一关就是领导组面试，要求竞聘候选人作PPT竞聘演示。原下属备件公司的副总邱金荣，就是通过"管理岗位末位淘汰"项目成功竞聘为分公司总经理的。

通过这些创新制度，一方面打破了中基层之间那种僵硬的上下级关系，同时发现了一批优秀的中层管理者，进而逐步改变吉利人才结构梯形倒挂的现状。而与此同时，吉利在技术基础建设上也进行另一场更为严峻的"恶补"。

"全矩阵式"管理

作为即将与沃尔沃双线运营的吉利自有品牌，过去在"四个轮子加一张沙发"简易战略下，一直以低端市场作为定位方向。而在企业内部，研发落后、产品单一的窘境一直是老大难，这也是李书福的另一个痛点。

并购沃尔沃能带来自身技术基础提高吗？由于两者技术平台完全不是一个重量级，短期内不可能实现嫁接，因此李书福迫切需要让自身技术基础实现内向性的提高。

吉利推行了一项称为"技术创新工程"的整合创新体系。该体系各个模块之间的传导关系如何？首先，通过技术体系整合，理顺体系架构和运作机制，同时推行产品平台战略和通用化建设，以及能源多样化等研发战略，最后，作为体系的长期积淀，通过积累把经验和知识保留下来。

在"恶补"这套整合创新体系中，吉利尝试对技术研发管理工具进行创新，比如"全矩阵式"项目管理模式。

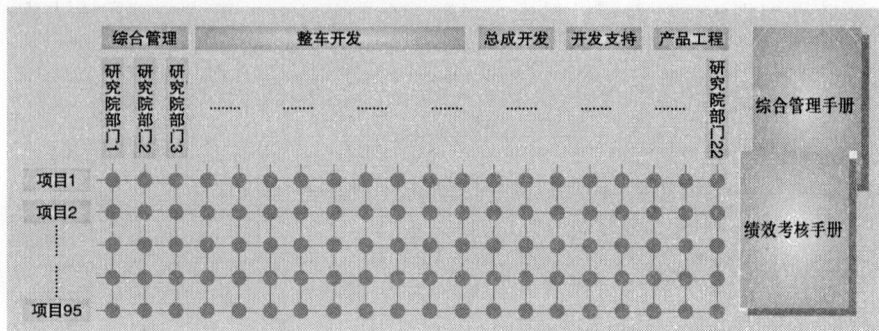

图25 吉利"全矩阵式"管理

矩阵式管理在西方备受推崇，但多数中国企业都难以恰当运用，因为这种模式不可避免地存在多头管理、责任不清、难以考核等难题。

吉利的创新在于将矩阵管理"内部市场化"。其矩阵的纵横节点是专业处室，而不是个人，研究院考核处室，处室考核个人。这样的设计，客观上激发专业处室的能动性，给它们充足的自主权和管理创新空间。吉利的思路是对研发形成任务流：把任务分成若干个小项目后分别启动，均衡地从一个部门转入下一个部门，每个部门的每一个人都能够连续工作，和生产流水线十分类似。

很显然，吉利在努力提升自己核心竞争优势，以避免自己成为下一个印度塔塔。倚靠并购沃尔沃而迅速上位的吉利，虽被贴上"国际化"标签，但要真正赢得未来，路还很长。

盛大的"游戏式"管理

///

除了继续以在线创新游戏获取利润之外，盛大正在加大文化产业链中的各种垂直整合。"盛大坚持运用新技术和新的商业模式去创新文化产业，我们相信只有通过最先进的技术才能保持领先地位。"这是2010年初陈天桥对盛大的战略新定位。

而陈天桥所说的商业模式，在盛大又被赋予了全新的意义。

员工第一

"一切商业模式，本质上只有一个，最高的工资给最优秀的人才，最优秀的人才创造最大的价值！"这是陈天桥在公司内部抛出的全新商业模式论。这一论调打破了传统"模型论"的樊篱，将独特核心竞争力归于人的创造。"个人价值先于企业价值实现。"陈天桥说。

2009年，马云也提出过一个企业核心价值论，就是客户第一、员工与企业第二、股东第三。但从不同企业经验角度，陈天桥认为员工价值应该排在三者关系的首位，而企业与股东价值则在其次。陈天桥认为，这个逻辑关系能够把企业运行的内外各要素整合起来，形成一个完整高效的具有独特核心竞争力的运行系统。

在企业内部，陈天桥主张"讲道理"：数据藐视逻辑、逻辑藐视民主、民主藐视独裁、独裁藐视犹犹豫豫裹足不前。用"讲道理"文化来体现"公平、透明、尊重个性"，陈天桥就是希望打破任何的人为管理以及所谓的共性思维，把员工的个性彻底释放出来，推动他们的个性创造，从而为企业创造带来价值。

"游戏式"管理

现在，盛大员工每天上午打开电脑都会看到一个类似游戏界面的管理系统。其中会有一些类似游戏的补气、加血和角色等级的柱状条，其代表的是和这个员工的薪酬体系、职位变迁挂钩的一系列重要数据。而在这套系统中，员工最关注的就是自己的"经验值"。因为它直接与薪酬、职位挂钩。

这种用在线游戏方式创新人力资源管理，是盛大在"个人价值先于企业价值实现"新商业模式论下的全新实践。实际上，人力资源管理的创新一直是企业管理的难题。比如面对日益庞大的员工群体，如何有效推行管理措施又避免制度的僵化、如何评定员工的贡献、如何设计合理而公平的薪酬与升职机制等等。虽然中国企业吸收类似KPI、平衡计分法等管理工具，但仍然出现关键人才流失、员工对企业归属感不强这样的窘境。这样的问题，也曾一度困扰盛大。

人力资源总监熊立博士是该管理体系的设计者之一，他认为，所谓"游戏式管理"就是引用网络游戏的管理运作模式。员工新进公司，将根据其任职岗位，确定起始经验值。就像游戏里的法师、武士，因不同本领拥有不同起点。完成日常工作，能获得依据每个岗位价值贡献所预设的"岗位经验值"，类似于游戏的日常"练级"；如工作未达标，则会被问责，经直接上级及经验值管理部两级审批后扣经验值，类似于游戏中任务失败。积极参与并完成额外项目后，还会获得项目经验值。

作为核心模块，"经验值"是对薪酬、职位等组成的个人价值的具体量化。在公司鼓励个人价值实现的文化驱动下，公司在原有的经验值模块里不断增加新元素，甚至在系统里还有个"升级助手"，可以自动告诉你如何赚"岗位经验值"，还要多久能晋升或加薪，也可计算要做哪些事能更快晋升或加薪。

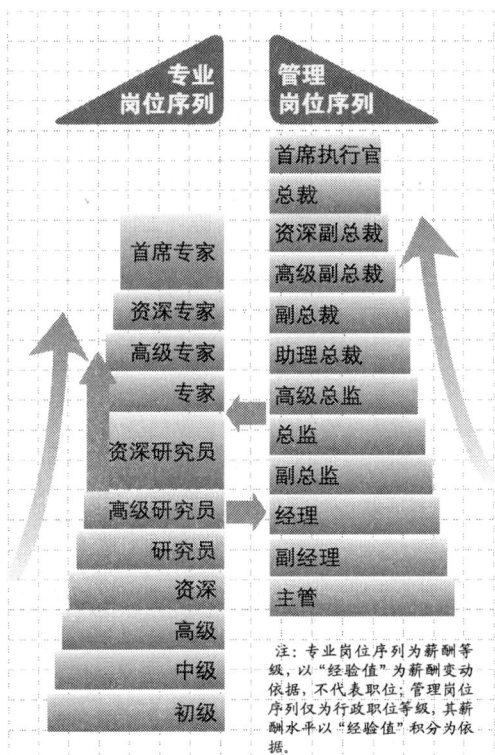

图26 员工双梯发展模式

"游戏式管理体系"打破了一切"领导与被领导"的人为管理格局，更体现了透明与公平。只要经验值达到相应职级的标准，员工的薪资和级别就会实现自动升级，而无须等待公司决议或者领导人的批示。在盛大《游戏式管理攻略》中都有清楚解释。不过，"晋升"不一定是指"升官"。盛大施行双梯发展模式，即专业岗位职级和管理岗位职级。前者没有名额或编制限制；而后者则与组织架构相关，有编制限制。当然，有升就有降，被问责次数多，经验值扣得多，也同样会被降级。

盛大通过这样一个体系，总共有700多个项目立项并完成。2009年，盛大人均晋升的级别数达到了1.62个，薪酬则上升了14%。其中晋升最快的员工有16个级别，用薪酬来对应的话，至少涨了一倍以上。

长期以来，中国企业关注于外部商业竞争模式，而忽略员工的价值，而盛大利用IT技术所独创的"游戏式管理体系"将个人价值的实现放到了与企业价值共同的平台上，打破了传统的组织模型，将所有的个人价值最后凝聚到一处，成为企业核心创新力和成果的来源。

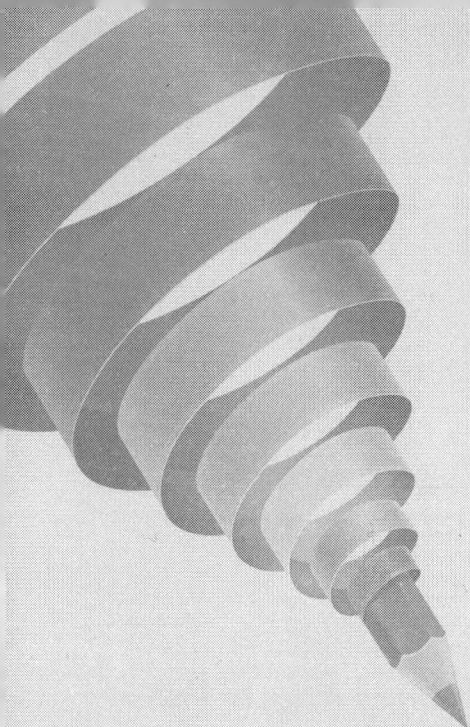

六 巨创新：
理想组织的免疫力

所有伟大的创新，都源于人思想观念的创新。而人思想观念的创新，最重要的触发点源于不同观点、不同背景、不同生活方式的人与人之间的碰撞、交流、争辩、总结。

对于一家企业来说，用什么样的方式将人与人组织在一起，激发出他们的潜能显得尤为重要。尤其是在当今这个一个团队对抗一个团队的时代，组织的创新与变革变得越来越重要，成为大多数"巨创新"的源头。

打造"零时间"组织，人人都是管理者

///

企业根据发展的不同阶段和层次，可以分为直线型的初级发展阶段、职能型的成长阶段、事业部制的成熟发展阶段、董事会制的深化发展阶段。经过30年的发展，中国崛起了一大批大中型企业，大部分企业进入职能型的成长阶段，部分企业进入了事业部制的成熟发展阶段，仅有少数企业发展到董事会制的发展阶段。

金融风暴让一大批西方企业纷纷陷入破产倒闭的危机，人们开始反思西方现代企业管理体系。有没有更理想、更智慧的组织能避免类似的灾难发生？

组织变革百年回眸

组织与管理的发展史，同时也是组织创新的演变史。从19世纪的工业文明开始，德国马克斯·韦伯的传统官僚式组织方式成为管理学理论之滥觞，当时的创新聚焦于组织内部的制度与流程架构。随着产品与服务的日益丰富，市场作为与组织同时并存的要素，逐步被更多的组织所关注。

美国奥利弗·威廉姆森基于交易成本的管理理论，使得组织的创新将更多的精力放在产品革新和服务优化方面。而20世纪80年代组织文化的兴起，让更多的企业开始专注于通过组织内部成员的能力培养来持续提升组织的绩效，因此那时的组织创新焦点是通过员工成长和能力素质提升，获取组织创新的原动力。

随后信息革命的历史车轮，将组织带入一个变化与革新的新时代，组织面临的内外部环境不再是可预测的稳定格局。组织的特性开始从机械性、经济性向有机性和系统性转变。这时的创新内涵变得更加丰富和灵活，而围绕组织转型与变革的组织创新成为这个时代的新"引擎"。在组织创新中，宝洁公司的"新增长工厂"、财捷公司的"创新催化师"设计、惠普的"创新项目办公室"、李开复及其团队的"创新工场"等，都是组织创新的典型代表。

"零时间"组织

企业壮大带来了组织结构日益复杂，各种指令和信息传达不通畅成为企业发展的桎梏。为了解决企业生存与组织僵化之间的矛盾、快速的市场应变速度与冗繁组织层级之间的矛盾、企业规模和组织效率间的矛盾

等问题，历史上先后出现了模块化组织、价值链组织、团队组织、柔性组织、水平组织、无边界组织和竞争组织等组织结构，共同的目的就是实现决策过程的无限接近"零时间"。

金字塔型、矩阵型、三叶草型、事业部制等典型传统的组织给人冷冰冰的感觉，人和组织是对立的，即使后来出现的变形虫组织、学习型组织等让人的地位有所提升，但并不具有颠覆性。

构建出理想的组织结构固然重要，更重要的是让企业的组织更加人性化，才能发挥每个人的潜能，更高效地制定和执行决策。理想的组织应是一个以人为核心，能够不断修正、自我调节、随机应变的具有"免疫系统"的组织，避免病症的发生。

组织创新四大趋势

1. 由"高度集权"向"下沉分权"的趋势

组织官僚化严重制约了企业发展。为了解决这一问题，必须打破层层审批的高度集权组织，增强组织的人性化和灵活性。越来越多的企业通过分权，实现职能下沉，把管理的触角延伸到每一个员工，让每个人都成为管理者，实现高效运营。

2. 由"僵化固定"到"柔性灵活"的趋势

扁平化的组织结构，强调企业内部的沟通、协作与学习创新，人的地位有所提高，面对市场变得相对灵活，但由于外部沟通的缺乏，应变力仍受到局限。

而现代企业往往需要不同部门之间协调，这就要求企业根据不同的项目、重大事件灵活地设立新的组织机构，甚至有可能要求全体员工参与。传统"僵化固定"的组织模式的弊端日益显现，而以人为核心的企业"柔性组织"通过"以人为本"的人性化运营及管理，给人以更多的自由和创造空间，充分发挥了每一个人的智慧，因而具有更大的能动性、灵活与应变力。

3. 由"组织革命"到"组织微创新"的趋势

企业从手工作坊发展到有规范和制度的现代企业阶段，组织也不断进行变革。2008年的金融危机背景下，企业面临战略转型的生死关头，也掀起了"组织革命"的高潮。企业组织架构相对成熟稳定时，却发现规范和制度造成了本位主义和山头现象。如果不能打破不同职能部门之间的壁垒，内部的摩擦、消耗将会赶跑所有客户，低效率将蚕食企业的利润，甚至拖垮企业。解决这个问题就需要某一个部门组织结构或某些流程的"微创新"，打通组织机体的微循环系统。

4. 由"单兵作战"到"集团军作战"的产业联盟的趋势

我国私营企业平均存续周期只有7年。其根源之一是在日益国际化的环境下，尚处在发展期的中小企业或新兴产业在竞争中无法与成熟的企业巨头"单挑"，企业的"单兵作战"将会有越来越多的"殉葬者"。为了扭转这种不对称竞争的劣势，在很多行业甚至跨行业组成产业联盟，实现由"单兵作战"转向"集团军作战"。

组织创新的10大标杆范式

//

从组织创新过渡到"巨创新"，有没有方法和思路可供借鉴呢？有的！本书精选了10大标杆范式，供您参考。

No.1："并联式"组织

创新类型：产业联盟

创新点：从"串联"到"并联"

解决问题：避免产业联盟内部成员之间的利益纠纷与竞争矛盾

创新概述：产业联盟多为同行业或产业链上下游企业组成的"串联式"组织，产业联盟内部的利益争夺导致相对松散的产业联盟组织时常面临瓦解的危机。

面对新兴行业或者整个行业的弯道超越的机会时，由国家相关部门协调产业内相关核心企业建成"并联式"产业联盟；根据联盟内企业各自优势分布在产业链的各个节点，实现各个击破，避免了企业之间的利益纷争，实现整个产业的突破和企业的共同发展。

创新价值：中国很多产业之所以落后于国际先进水平，是因为产业链各个环节对核心制造环节的支持不足，这也是国际企业构建的领先壁垒。"并联式"产业联盟是打破领先壁垒与获得产业整体竞争优势的最佳路径。

典型案例：央企电动车产业联盟

为了贯彻国家电动新能源汽车发展战略，国资委2010年在京成立"央企电动车产业联盟"，下设理事会、秘书处，以及整车及电驱动、电池、充电与服务三个专业委员会。相对应的是电动车联盟分为三组，分别占据产业链的整车、电池、能源供给和服务等三个核心环节，16家央企根据自身优势分属三个委员会。央企之间并不存在竞争关系，是"并联"关系，分布在产业链的关键节点。其目的是推动建立电动车产业整体发展的开放技术平台，统一产业技术标准，共同研发电动车新技术、新产品、新方案、新模式，共享技术成果。产业联盟企业力争掌握核心竞争能力，掌控产业链核心环节，力争在电动车行业成为领导者。

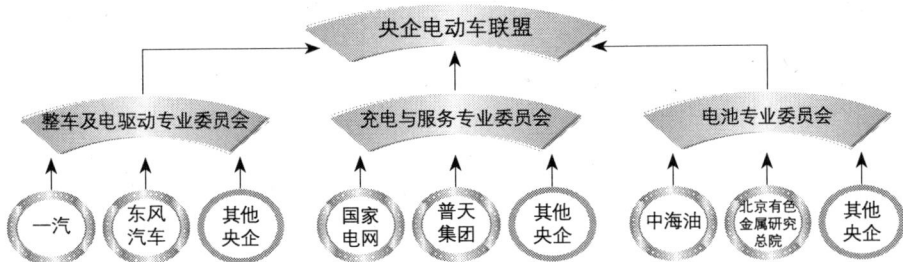

图27 "并联式"组织图示

No.2："H型"组织

创新类型：产业链上下游企业联盟

创新点：由"口头契约"到"股权关联"的紧密协同合作

解决问题：避免利益纠纷，合作更加深入和高效

创新概述：很多产业链上下游之间的企业为共同利益与长远合作组建了战略联盟，这种无股权的松散型战略联盟仅仅停留在口头契约层面。随着行业竞争的不断加剧，迫使企业战略联盟需要更为深入地合作，原有的机制很难协调企业之间的核心利益和关键行动。为了改变这种现状，战略联盟转向有股权关联的紧密协同型转变，使其形成股权与法律为纽带的稳固的"H式"联盟。

创新价值："H型"企业联姻模式为上下游企业之间进行产业协同提供了示范，有效地化解了二者的利益冲突，使双方能够统一行动共同应对市场竞争与分享市场利益。

典型案例：苏宁与海尔

图28 "H型"组织图示

苏宁与海尔分别持股50%成立一家苏宁海尔经营推进公司，新公司将在北京等地设立46家分公司，公司总经理等高管分别由苏宁和海尔方面各派出一名担任。苏宁与海尔将完全实现商品库存管理、定制包销、产品销售、系统对接、组织对接等方面管理，从而实现货源、资金、客户信息、渠道终端、售后服务的全面共享。实施半年后，海尔彩电的销售相比同期增长了120%，厨卫电器产品增长了170%，冰洗产品增长了130%，空调、手机、电脑等品类也实现了80%以上的增长。

No.3："子母型"组织

创新类型：集团公司

创新点：上市子公司管理集团母公司

解决问题：加强集团公司管控建设与实施企业整体上市

创新概述：国有大型企业为实现上市融资与更好发展，将企业优质与核心资产先行上市。由于上市子公司独立性与治理准则的要求，导致集团母公司对上市公司及核心资产管理弱化，集团公司只能管理剩余的存续资产，并逐步演变为双总部，直接导致企业核心资产经营管理弱化，这种情况在中央企业尤为突出。为加强集团公司管控建设与实施企业整体上市，将上市公司作为全集团的管理平台，集团公司将存续企业托管给上市公司进行管理。集团公司与上市公司实行两块牌子、一套人马的组织管理模式，在企业整体上市过程中创造性地实施"子母型"组织管理模式。

创新价值：创新的关键在于突破惯性思维，反向设计集团公司统一的管理载体，由上市子公司"吞并"集团公司总部形成统一的集团公司，将集团公司存续企业交由上市公司进行托管，最终实现了集团公司的统筹管理。

典型案例：神华集团

为了改变神华双总部的状况，从2009年开始，集团总部开始逐步实施将两总部合并，集团公司和上市股份公司各设置一套机构（财务部除外），人员共享，形成一套人马，人员则进入上市股份公司。一般的整合方式，均由控股母公司整合下属子公司，而神华集团则因为上市公司治理准则的规范性要求，创造性地将上市子公司中国神华作为全集团的管理载体。通过儿子管理老子，以"一个机构、两块牌子"的总部统一管理模式，形成了"集团（股份）总部—所属子（分）公司"的两级管理模式，在一个总部内完成了对上市核心资产与未上市存续资产的管理。

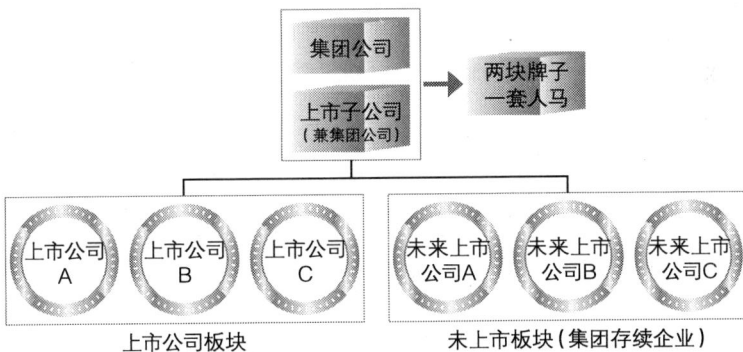

图29 "子母型"组织图示

No.4："双品牌"组织

创新类型：企业并购的品牌架构

创新点：并购企业和被并购企业的双品牌运营

解决问题：最大限度地发挥并购资产的功能与作用

创新概述：并购行为一般情况下均为有实力的企业并购相对弱小的企业，实现企业获得规模效益或者消灭竞争对手的战略目的，而被并购方一般会成为并购方的一个子品牌或者被雪藏。如今并购企业的并购行为更为精准，目的是实现产业协同与优势互补，将并购资产融合进入原有组织体系中，不但保持原有能力，还能与本企业实现资源共享，最大限度地发挥并购资产的功能与作用，实现"双品牌"架构。

创新价值：企业并购后如何使被并购企业发挥出最大的并购价值经常困扰着并购企业。并购前的精准测算，并购后的组织融合设计，使被并购企业能够在并购企业中发挥出更大价值。

典型案例：宏碁并购方正科技

宏碁并购方正科技后，为增强并购效果及优势，宏碁中国没有直接把原有业务简单整合，而是设立了一个专门的方正品牌事业部，独立负责方正（Founder）品牌PC业务在中国的进一步发展。

宏碁集团在中国内地的组织架构分为三个部分，一为宏碁中国，二是宏碁方正品牌事业部，三为ITGO中国机构。其中，宏碁中国负责宏碁品牌产品；方正品牌事业部则负责运营方正品牌PC业务；ITGO中国机构同时负责宏碁、方正两品牌中国区域的市场调研、产品定义、开发等。方正拥有低端市场与商用机的竞争优势，这一点恰恰是宏碁所欠缺的。"双品牌"采用互补互助的架构，借用方正在商用客户上的经验和组织架构设计，帮助宏碁不仅在中国市场，也包括在中国以外的其他区域迅速切入商用市场。宏碁和方正还推出了6款双品牌服务器，分别拓展不同细分市场。并购完成后，宏碁已经成为中国PC市场的第二名。

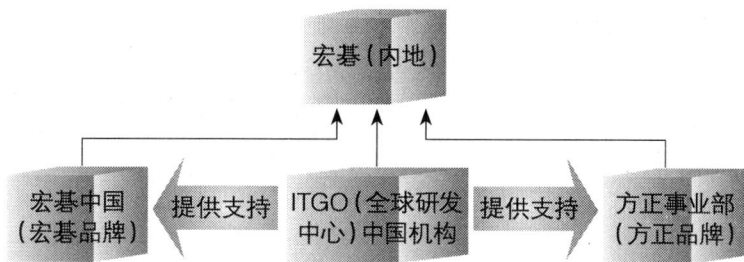

图30 "双品牌"组织图示

No.5："双塔型"组织

创新类型：弱势企业并购强势企业

创新点：被并购企业独立运作，颠覆传统并购模式

解决问题：避免两个企业过快融合出现文化冲突而导致并购失败

创新概述：中国企业并购行为越来越多，而"蛇吞象"式的并购海外大型企业也走向前台。与TCL并购汤姆逊单独成立子公司和联想并购IBM的PC业务后主动融入IBM组织体系不同，为了保持被并购资产的完整独立性、品牌价值与被并购方的审查，中国并购方只是对国外被并购方进行股权收购与约束，两者像"双子塔"一样，既相互独立，又是有机整体，形成了"双塔型"组织管理架构。

创新价值：中国企业并购国外品牌与国内企业并购不同，东西方文化的差异很可能导致急于求成的并购失败；应通过股权控制和设立专门的机构与被并购企业建立合作机制，通过文化的融合建立起真正全球型企业文化的新企业。

典型案例：吉利并购沃尔沃

吉利并购沃尔沃后，如果将沃尔沃纳入吉利汽车管理体系，并购活动很难获得成功,李书福大胆打破传统并购组织管理模式,只是通过实际控制人来进行两大汽车企业的管理。吉利和沃尔沃分别独立运作,是两个不同定位的品牌,管理团队是分开的,只有李书福身兼两家公司的董事长。"沃尔沃—吉利对话与合作委员会",目的是为双方就各个层面的合作进行探讨。委员会的成员包括吉利和沃尔沃的各四位高管,李书福以独立身份任这一机构的主席。会上一旦达成某个协议,将会以合同的形式加以界定,按照市场规则进行运作。并购后沃尔沃就实现了扭亏,并实现了持续赢利和高速增长。

No.6:"航空港式"组织

创新类型:企业事业部之间协作

创新点:由产品事业部向产品事业部+区域事业部转变

解决问题:实现企业集团多品牌的资源共享

创新概述:多品牌组织管理的现状是为每个品牌成立单独的事业部,将研发、生产、销售等企业核心职能全部下放到品牌事业部,使各个品牌事业部能够瞄准特定的细分行业进行对标发展。当多品牌发展到一定规模后,各品牌之间存在更多资源共享的需求,打造"航空港"式的资源共享平台成为多品牌管理的创新方向,由产品事业部向"产品事业部+区域事业部"转变;而区域事业部就是"航空港",所有品牌产品均在"航空港"获得服务。

创新价值:事业部制企业发展到一定阶段后,打造统一的服务平台与共享服务,在产业更高层面形成产业协同能力与战略壁垒,充分发挥其在区域市场销售的竞争优势。

典型案例:美的

为"十二五"期间实现"再造一个美的"，即年销售额突破2000亿元的宏伟目标，需要不断突破组织瓶颈。美的创新了产品事业部与区域事业部相结合的管理模式，即在各地整合区域事业部统筹销售与服务工作，美的日用家电集团已在国内组建了61个销售分部，制冷集团也在国内组建了65个销售分部，并在海外设立了6个销售大区，所有产品在销售层面实现资源整合与共享。

何享健认为，美的未来应该建立"航空港"式的组织模式，建立集团层面的公共资源运行平台，各个产业事业群可以在这个"航空港"上降落以实现资源共享。最高层领导专注于做大企业价值；二级产业集群的领导专注于做大产业，成为产业领袖；三级产品事业部领导专注于产品与市场，做大产品与利润。

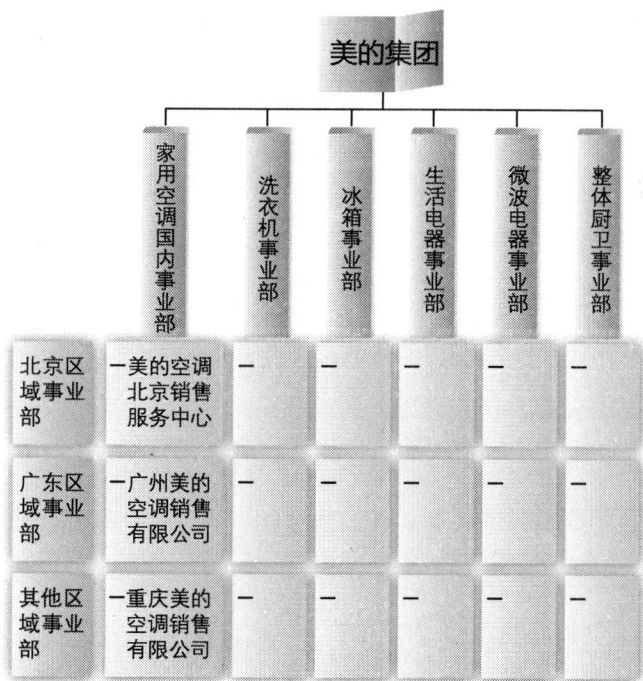

图31 "航空港式"销售协同模式图示

No.7："横向集成"组织

创新类型：企业内部子公司整合

创新点：从以"产品为主体"到以"客户为核心"的管理模式

解决问题：提升面向客户的整体解决方案的提供能力

创新概述：单一产品功能趋同，价格成为竞争要素，较难体现企业战略竞争优势，目标客户需求正在呈现多样化。如何借助多业务、多产品的综合竞争优势提高客户黏性，同时满足不同类型客户的各种潜在需求成为关键。

综合型企业通过各种产品融合性与集成性的特点，打破过去以产品为划分原则的组织结构，构建"横向集成"的组织结构，为用户提供各类解决方案，形成区别于竞争对手的战略优势。

创新价值：打破以产品为主体的分散运营管理模式，建立以客户为核心的相对集中的运营管理模式；企业在组织架构和运营管理机制上可更加有效地促进内部产业协同和资源整合，提升面向客户的整体解决方案的提供能力。

典型案例：大唐电信

大唐电信股份公司未来三年将打造"大终端+大服务"的产业群布局，构建面向移动互联网、物联网、三网融合的业务体系，实现由单一产品向整体解决方案的转型，在个人移动生活、行业信息化应用、社会公共服务智能信息化等领域，为用户提供完整解决方案。

配合公司转型战略，大唐电信进行了运营管理架构的改革，打破了现有的以产品为主体的条块分割模式，建立以服务客户对象为核心的横向集成模式，成立了金融与安全事业部、运营商业务事业部、行业应用事业部、终端事业部、增值业务事业部五大事业部，取代原来按产业划分的分子公司架构，从而提升在物联网、行业应用等细分市场的核心竞争力。

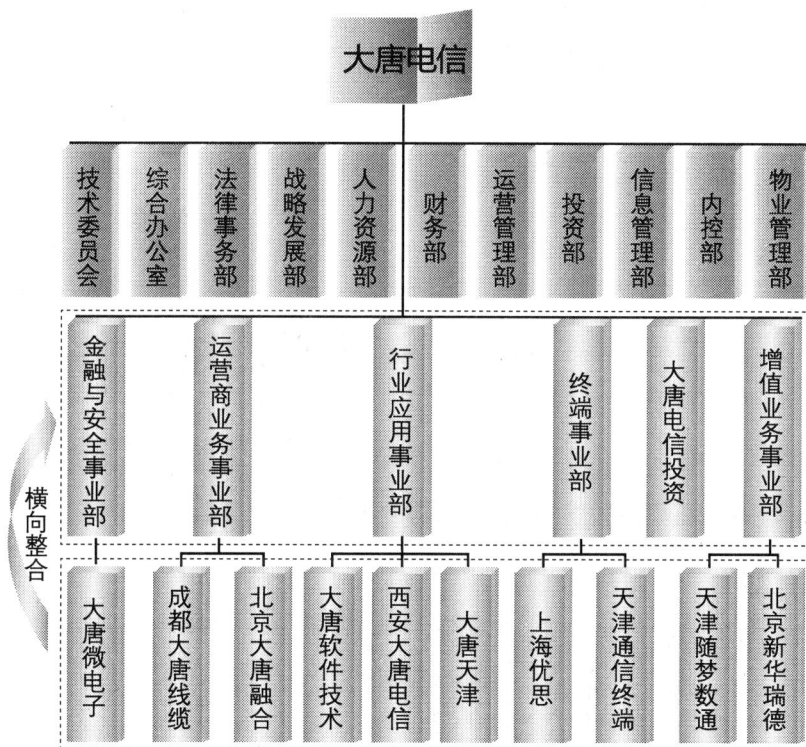

图32 "横向集成"组织图示

No.8："双团队"组织

创新类型：大客户服务团队

创新点："一线前方客户团队+总部后方支持团队"

解决问题：大大加快对客户需求的响应速度

创新概述：以产品或技术为企业战略中心的做法，在供给不足的时代是正确的，但到了供给过剩的时代，就一定要以客户需求为中心，从关注"内部自身"到关注"外部客户"转变，组织业务划分也由内部价值导向转变为客户价值导向，以大客户为服务对象的"一线前方客户团队＋总部后方支持团队"的"双团队"组织的服务应运而生。

创新价值：企业组织结构最终目标是为了满足市场竞争的需要，面对大运营商等大客户时，需要整合公司整体资源来满足大运营商的整体需求，而"双团队"组织很好地满足了这种需求。

典型案例：华为

华为将战略性发力"云管端"战略，这是华为继1992年从代理转向研发和1998年开始国际化之后的第三次重大变革。

在最核心的运营商业务中，华为放弃以事业部制来组织产品和服务，改以大运营商为核心，拆分营运中心，并建立与大客户——对应的团队。华为将与大客户合作建立"客户创新中心"，来自不同产品线、不同技术部门的人员，直接进驻客户现场，与客户一起工作。总部后方则建立支持团队，随时响应驻外团队。华为与多家国内外大运营商均已建立"客户创新中心"。华为面对运营商的业务将呈现出"一线前方客户团队＋总部后方支持团队"的新形态，现有的基础技术研究和前沿开发等部门则予以保留。这种模式使华为对客户需求的响应速度大大加快，原来要七八个月响应的项目，现在可以在一到两个月内完成。

No.9：四轮驱动的"中枢型"组织

创新类型：企业研发机构

创新点：研发组织非行政集成管理

解决问题：分散的研发机构难以协同

创新概述：大型企业由于多业务、多品牌、多产品，诸多生产经营单位导致研发管理与能力建设成为难题。研发能力作为企业的核心能力，母公司希望重点管理，而研发职能也是下属各生产单位的重点职能，脱离生产需要进行研发又会严重影响研发功能的发挥，同时研发需要正在向整合全球资源、整机研发与零部件研发同步方向发展，没有协同的研发又将严重影响研发能力的建设。

母公司设立研发管理机构，统筹规划与管理，下属业务单元设立研发机构承担具体研发任务。母公司在统筹规划下，在全球设立研发分支机构，整合各种社会资源，打造协同管理平台，形成母公司研发管理机构与子公司研发机构和硬件平台与软件平台的四轮驱动的"中枢型"研发组织管理。

创新价值：母公司研发机构与子公司研发机构并存在大型企业集团中已经非常常见，创新关键在于围绕母公司研发中心打造了软件与硬件管理平台，使整合全球资源与集团内部研发资源共享成为可能。

典型案例：三一重工

研究总院是三一集团的一级研发部门，承担技术研究和技术管理两大职能，着眼于前沿技术和未来产品的研究与开发，为支撑现有技术和产品的改进与升级提供基础技术研究成果，负责共性技术开发，新产品的前瞻性技术研究及标准制订，组建基于网络的专业化及通用化实验测试平台，实现通用试验和测试资源共享。集团在国内外30余个二级研究院，负责围绕当前生产经营，做好传统产品的设计、转化和服务，以及对新开发成功项目的组织实施。

三一集团对子公司设计研究院实行双重管理，行政上隶属于子公司，业务上归研究总院管理。为鼓励创新与实现资源共享，三一建立了三个硬件平台和两个软件平台。尤其是通过PDM系统搭建了统一的数据管理平台，由于在一个平台上共享标准件、通用件的设计，提高了产品设计效率、降低了设计成本，充分地保证了总公司产品设计质量。最为关键的"整机"产品研发设计环节，必须体现整合全球资源的能力，才能使整机产品研发与零部件研发同步，零部件研发能力提升也决定了整机产品的水平。

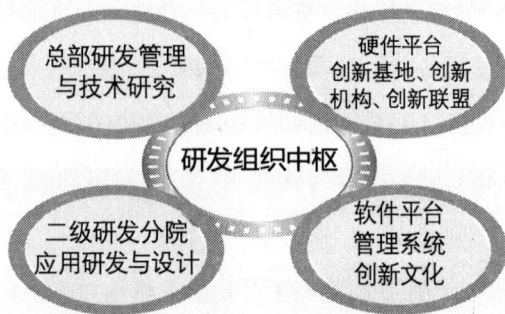

图33　四轮驱动的"中枢型"组织图示

No.10："逆流程"信息化组织

创新类型：ERP信息化管理流程

创新点：逆向建立ERP，"先总后分"改为"先分后总"

解决问题：建立符合企业实际需要的信息化管理平台

创新概述：企业信息化的建设正在朝着覆盖供应链各个环节的方向发展。在信息化的建设过程，为匹配企业快速发展与解决企业专项问题的需要，存在不能按部就班地开展信息化建设的问题。应改变"先总后分"的模式，通过"先分后总"的逆向建立ERP思路建立符合企业实际需要的信息化管理平台。

创新价值：简单按照ERP的流程进行信息化建设会滞后于企业发展与管理的需要，该案例最大的创新点在于逆向建立ERP，为企业在快速发展过程中建立信息化系统提供了新思路。

典型案例：潍柴动力

企业实施ERP一般先从MRP开始，把前端的数据如库存、计划、产品结构（BOM）和工艺等基础数据和信息先核准，接着再做成本，然后是采购、销售等其他环节。然而，潍柴动力ERP一期的实施流程却是从财务、采购、销售和库存开始，逆着ERP标准流程做。这与潍柴动力的企业发展需求密不可分，潍柴动力年销售额从8亿元跃升到接近500亿元，每年数倍的增长速度，决定了其信息化建设必须先从企业发展最迫切的环节入手，这是潍柴动力实施信息化过程总结出来的"Know-how"。看不见的信息之手，不仅连接起潍柴的生产链条，还将500多家供应商、4000个售后服务站纳入统一管理平台。在这个平台上，欧洲、美国、中国的七个研发中心可以实现协同开发，就连远在万里之外的潍柴发动机，通过信息化系统，每一刻的转速、油耗等运行数据都能实时监控。

ERP正常实施顺序

| MRP | ERP | 职能环节管理 | 财务/采购/销售 |

ERP客户导向实施顺序

| ERP | MRP | 职能环节管理 | 财务/采购/销售 |

为企业管理服务

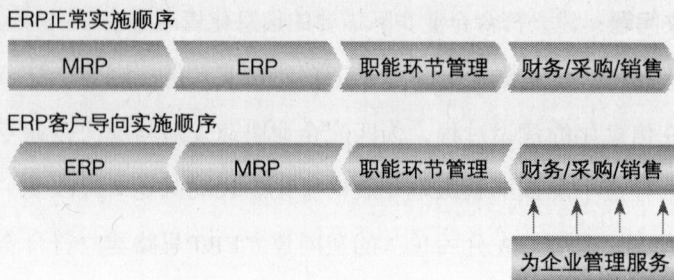

图34 "逆流程"信息化组织图示

苹果主义，巨创新的另一种表达

//

在苹果风靡全球之前，最有名的苹果可能就是砸中牛顿脑袋的那颗，那造成了万有引力的发现，改变了古典物理学的发展进程。而今，最著名的苹果是美国苹果公司，乔布斯以其天才般的智慧开发的iOS系统，使全球用户如毒药一般陷入疯狂般痴迷，苹果公司也着意于用户最完美的体验而得到消费者的认同，一举成为全球市值最高的公司。这是巨创新的一个典型案例。

某些巨创新的出现，需要一些天才人物领航，需要个人英雄主义，而乔布斯正是其中极为耀眼的传奇英雄。乔布斯在苹果公司乃至整个个人电脑和智能手机行业所起的巨大作用是"上帝式"的，他也被众多苹果"粉丝们"亲切地称为"教主"。一个电子产品成为一种宗教式的信仰，是现代这个行业竞争如此激烈的社会所难以见到的。奥巴马在乔布斯去世后的悼词中写道："乔布斯是美国最伟大的创新者之一，他勇于与众不同地思考，敢于相信自己能够改变世界，并用自己的才华付诸实施。"

乔布斯在21岁时就和他的两个朋友创建了苹果电脑公司，并随即构思并促成个人电脑行业的一次革命。1977年他推出了Apple Ⅱ，这一新产品一改过去电脑笨重、复杂，难以操作的形象，小型轻便、操作简单的鲜明特点，使其甫一推出，就一鸣惊人。这次成功的实践也奠定了乔布斯以"用户体验"作为最高标准的设计理念。随后，苹果公司开始了自己惊人的成长史，1980年苹果公司股票上市，1个小时内，460万股被抢购一空，1天产生了4名亿万富翁和40多名百万富翁。在20世纪80年代苹果面临IBM等电脑巨头的强烈冲击，面临困境之际，又是先前由于内部斗争而出走的乔布斯再次回到苹果公司，担负起拯救苹果、重塑辉煌的重任。

1998年，经过无数个日日夜夜的设计，苹果再次推出新的电脑：iMac，以空前的用户体验迅速受到用户的热烈欢迎。至于2007年推出的iPhone，更是风靡全球，从2007年1月推出，截至2009年9月，iPhone销量已高达3430万部。2010年新推出的iPad，市场销售的火暴程度要超过几乎以往任何一件电子产品。iPod和iPhone已经成为一个全世界时尚流行文化的象征。很少有人能有一种魔力把公众熟知的产品转变成一个企业文化的象征，更难预计哪种产品会获得文化的象征地位。

摩根士丹利在其所作的关于互联网趋势的报告中，肯定了苹果公司的iPhone、iPad等产品对移动互联网新生态的极大贡献，认为这两个产品将会改变原有生态环境。

在《乔布斯传》的序言中，我们看到传记作者沃尔特·艾萨克森对乔布斯的评价：这是一本关于一个富有创造力的企业家的书，关于他过山车一般的人生，关于他炽热强烈的个性。他对完美的狂热以及积极的追求彻底变革了六大产业：个人电脑、动画电影、音乐、移动电话、平板

电脑和数字出版。你可能还会想到第七个产业：连锁商店。对于零售连锁产业他算不上彻底变革，但的确重新描绘了这个产业的画面。

此外，他通过开发应用程序，为数字内容开辟了一个全新的市场，而不再像以前一样只能依赖网站。随着时间的推移，他不仅制造出革命性的产品，还在自己的第二次努力下成就了一家充满生命力的公司。乔布斯之与苹果，正如同比尔·盖茨之与微软一样，是一个给予灵魂者的身份。而他们另外一个相同之处在于，他们以自身的天才不仅改变了一家企业，更改变了整个世界。

乔布斯给予苹果的第一个灵魂理念是"用户体验至上"。苹果之所以能够成功，除了CEO乔布斯无与伦比的个人魅力，更要归功于其"用户体验至上"的创新理念。乔布斯的理念是，苹果的产品是个人工具，帮助个人解决问题。苹果产品的每一代面市，都源于用户体验的改进，如重量、速度、视觉等，其近乎偏执般的追求，使其拥有了全世界的粉丝。从iPod到iPod Touch，从iPhone到iPhone 4S，从iPad到iPad 3，苹果公司每一次产品升级，都大大提升了消费者的用户体验。

乔布斯给予苹果的第二个灵魂理念是"简化至上"。早在Lisa电脑设计之初，乔布斯就与设计师阿特金森等发生了冲突，他想要制造大众电脑，操作简单、价格低廉，适合普通人使用。他回忆说："像我这样的人，我们想要制造适合大多数人的电脑，而那帮和库奇一样在惠普干过的人，他们的目标是企业市场，我们之间进行了激烈的拉锯战。"乔布斯总相信，你作的最重要的决定并不是你要做的事情，反而是你决定不去做的事情。iPod、iPhone、iPad等苹果产品的设计中无不体现出对"简单即是美"这一逻辑的推崇。乔布斯反复强调苹果公司的产品会是干净而简单的，"我们的设计思想就是：极致的简约，我们追求的是能让产品达到在现代艺术博物馆展出的品质。我们管理公司、设计产品、广告宣传的理念就是一句话：让我们做得简单一点，真正的简单。"苹果奉行的这一原则也在它的第一版宣传册上得到了突出："至繁归于至简。"

乔布斯给予苹果的第三个灵魂理念是"创新至上"。苹果公司不断地推出新产品，每次推出的新产品有时都显得过于"超前"，为了设计一个完美的产品，乔布斯总是对他的团队要求极为"残酷"。苹果的研发人员围绕在乔布斯周围，在不断"兜售"着一个又一个"梦想"，直到达到兼具艺术和诗人气质的乔布斯本人的"理想"。乔布斯执掌下的苹果之所以能够站在时代的浪尖，让一切不可能成为可能，跟乔布斯与苹果公司"创新至上"，做超前设计的理念是分不开的。

乔布斯给予苹果的第四个灵魂理念是"完美主义"。乔布斯是个完美主义者，渴望掌控一切，并且很享受艺术家这种不妥协不让步的性情；他和苹果公司将硬件、软件和内容无缝整合，铸成一体，这种数字化战略堪称典范。苹果公司高度关注细节，iPod和iPod mini、iPod Nano、iPod shuffle的设计理念就来自对细节的关注。这种"完美主义"精神有时体现得近乎不近人情。如果对一个新研制的产品不满意，乔布斯会当着整个团队的面说："你们在过去一年里做出来的所有东西，我们都要全盘否定，从头再来。而且必须加倍努力，因为已经没时间了。"乔布斯曾要求一位设计师在设计新的电脑时，外表不能看到一颗螺丝。后来，设计出的模型里有一颗螺丝稍微露了出来，乔布斯立刻就把那位设计师开除了。乔布斯对公司硬件和软件维持着不可动摇的标准，要求从消费者踏进时髦的苹果店那一刻起，就感受到产品在美学上的"极致卓越"以及易用性。他在开发和设计过程中对最微小细节的注重在形成苹果产

品最独特的一些功能上起到了关键作用，而他精心准备的台上演示则激起了人们的热情，这是其他同行无法比拟的。

当然，苹果公司的巨创新属于"次高层级"，它的主要特点是围绕消费者未被满足的潜在需求——往往是基于人性的需求，开发高体验的解决方案。研究表明，过于强调团队的组织环境，不利于创新，而创新点子辈出的组织，往往都是个人英雄主义盛行，相互竞争大于合作的组织。

苹果公司鼓励个人主义，个人主义可以创造差异，苹果公司倾向于雇用那些有思想、懂得自我激励的人。在乔布斯的领导下，苹果公司在成立之初就形成了一种充满活力和创造力的企业文化。苹果的文化鼓励努力工作，强调个人成就。这种文化使得苹果公司开发出令人不可思议的产品。

乔布斯所提倡的个人主义不仅是乔布斯本人一贯的追求，也是苹果公司企业文化的精髓所在。和乔布斯共同创办苹果的沃兹尼克虽然并非iPhone、iPod的设计者，但他却是第一部彩色个人计算机"苹果二号"的发明人。他在回忆苹果初创时谈道："当我设计苹果二号，我是完全独立自主，没有人告诉我应该如何做，根本没有管理阶层参与这一回事。"而这种亲自设计、投入产品研发、没有管理层时刻干预的氛围正是苹果公司能够不断推陈出新的重要原因。个人主义的企业文化，在产品层面则是个性化地对待客户。苹果产品有着丰富的个性化选择设置及外观变化；苹果的专卖店也是个性化的一对一服务。

中国人的能源契机

//

汽车曾是人类历史上最伟大的发明之一，也是第二次科技革命时代最具代表性的成就之一。一百多年来，汽车产业蓬勃发展，尤其是在今天，已成为不少国家支柱性的产业之一。毋庸讳言，汽车的诞生尤其是私人轿车的蓬勃发展，极大地便利了人类生活方式，促进了社会的文明与进步。然而，到了今天，事情正在悄悄起变化。

汽车主要消耗的燃料是石油和天然气，伴随汽车产业发展的是人类对于能源的需求达到历史上一个新的顶峰。对能源的探察、发掘、开采、利用形成了一条规模巨大的产业链。然而，这一持续百年的能源利用系统越来越难以持续。根本原因在于石油和天然气都是非可再生的资源，由于过去大规模的开采，已面临资源枯竭的危险，无论是储藏量非常之大的煤炭还是极为有限的石油资源，即使保持目前开采的速度，也会在未来两三百年内耗费殆尽，考虑到人类对于能源需求的与日俱增，资源耗竭的危险将提前到来。

而且，对于人类而言，资源的分布并非平均，以石油为例，多数石油资源都分布在西亚阿拉伯地区，而全球经济活跃区却不在这里，这就意味着一旦阿拉伯地区出现动荡局势，全世界的经济活动都会大受影响，从20世纪70年代到海湾战争乃至当前阿拉伯世界的局势，都严重影响到石油供应和经济安全，因此，对人类社会的发展而言，不能将一个关系如此重大的资源紧紧地维系于一个不稳定的地区形势上。

另外，石油和天然气的大量使用，所带来的对环境的污染是非常巨大的，温室效应、酸雨等重大世界性环境问题无一不与这些能源的大量使用有关，人类为了生活便利而给生活带来了更多的不便利。因此寻找新能源、寻找替代能源就成为人类社会最急迫的需求之一，为此，新能源、清洁能源正成为世界各国竞争的科技前沿阵地。风能、核能、水力发电已在全球电力供应中占据着越来越重要的位置，电动车的重新复苏正是在这样一个背景下重新吸引了世界的目光。

电动车产生的历史比我们最常见的内燃机驱动的汽车还要早，但是在20世纪20年代以后随着石油开发利用和内燃机技术的提高，汽车市场逐步被内燃机驱动的汽车取代，电动车的发展从此停滞，仅仅保留着极为少数的电瓶车和有轨电车领域。和利用直接石油相比，电动车的瓶颈在于成本、动力和持续能力上。随着全球能源危机的不断加深，石油资源的日趋枯竭以及大气污染、全球气温上升的危害加剧，各国政府及汽车企业普遍认识到节能和减排是未来汽车技术发展的主攻方向，发展电动汽车将是解决这两个技术难点的最佳途径。

电动汽车之所以成为21世纪技术开发的宠儿，首先是因为电动汽车用电能驱动，本身不排放污染大气的有害气体，对人类伤害较少。而电力又可以从多种一次能源中获得，如煤、核能、水力、风力、光、热等，可以很好地解除人们对石油资源日渐枯竭的担心。电动车的发展将与能源结构的优化联系在一起，而随着清洁能源、新能源等替代能源的不断发展，电力获得所付出的环境代价将进一步减少，这也为电动车的发展提供了一个更好的契机。其次，电动汽车能够充分利用晚间用电低谷时富余的电力充电，使发电设备得到最充分利用，大大地提高了经济效益。同时，电力可以通过远程运输来实现，这也将使电力资源在全国实现迅速的调配，与石油需要不断运输相比，也将大大减少交通运输压力和成本，资源分布的不均衡性也易于缓解。

从我国目前发展形势来看，也面临着发展电动车的巨大需求，首先是产业需求，我国已经是世界上最大的汽车生产和消费国，而由于全球正不可避免地走向限制温室气体排放的趋势，如果不能有效地降低能源消耗，提高能源利用效率，减少温室气体排放，将来在国际气候谈判中，我国将严重地受制于人。同时，中国正处于由中等收入国家向高收入国家的转型过程，无论是城市还是农村，对于汽车的需求量是极其蓬勃的，对于石油的消费也进入了快速增长期。而我国的石油储量不是很多，因此对于石油的对外依存度不断增高，能源安全面临极其严峻的挑战，如果不能迅速地发展出替代能源，对于石油的严重依赖将成为中国进一步发展的瓶颈，也难免会受制于人。

困扰电动车发展的问题主要有以下几个：一是蓄电池技术落后，寿命太短，普通蓄电池充放电次数仅为300～400次，即使性能良好的蓄电池充放电次数也不过700～900次，按每年充放电200次计算，一个蓄电池的寿命最多为4年，与燃油汽车的寿命相比太短。二是续程有限，目前市场上使用的电动汽车一次充电后的续驶里程一般为100～300千米，并且这个数字通常还需要保持适当的行驶速度及具有良好的电池调节系统才能得到保证，而绝大多数电动汽车在一般行驶环境下的续驶里程只有50～100千米。比起传统燃油汽车而言电动汽车的较短续驶里程成为其致命的弱点。三是配套措施较差，充电站点少之又少，不成系统，难以使电动车在较大区域内连续使用，与传统汽车加油站密集分布的态势相比，是一个重大缺陷。四是电动汽车售价过高，技术复杂。电池设备成本远远高于普通汽车，因此，目前在市场上还缺少竞争力。

可以说，电动汽车很有望成为21世纪最重要的交通工具之一，谁率先实现了技术突破和产业化，就将毫无疑问地占据着下一个产业发展的先机。日本《东洋经济》报道："当代技术革命将彻底改变21世纪汽车业的面貌，这一改变就是在近几年出现的燃料电池车。"第一次科技革命和第二次科技革命，我国由于不同原因均——错过，因此不得不花费近百年的曲折历程，不断向西方学习，引进技术和管理。如今，我们和西方科技大国已站在同一个新的历史起点。如果说前两次科技革命，我们没有能够向世界提供具有足够影响的巨创新，那么，在新的历史契机面前，我们不能再失去这次良机。在国家"十二五"规划中，国家也已正式提出"十二五期间将是电动汽车研发与产业化的战略机遇期"。

电动汽车一旦取得市场突破，必将对国际汽车产业格局产生巨大而深远的影响。因此，顺应国际汽车工业发展潮流，把握交通能源动力系统转型的战略机遇，坚持自主创新，动员各方面的力量，加快推动电动汽车产业发展，对抢占未来汽车产业竞争制高点、实现我国汽车工业由大变强和自主发展至关重要，也十分紧迫。而目前世界各国都将电动车的研发作为重要的发展战略之一来加以重视，如美国、日本等都为电动汽车的研发和产业化投入大量科研经费，并加大政策支持力度。我国也正结合着"十二五"规划，力图在电动车的研发上占得先机。当然，中国更应该发挥自己善于协作的体制优势，从而实现技术领域的迅速突破和市场化推广。

这一体制优势的集中体现就是电动车联盟的成立。2010年由16家央企组成的中央企业电动车产业联盟在北京宣告成立。这标志着我国电动车产业由各自为政、分散作战转入强强联合、协作发展的新阶段。建立联盟以后，各加盟汽车公司之间的资源可以提供互助，同盟之间沟通也将更为顺畅，同时改变过去各企业在研发上各自为政的局面。同时，成立电动车联盟，也有望在研发阶段就实现电动车标准的统一，有利于一步到位，建立起中国的电动车产业标准并有望成为国际通行标准。国资委主任李荣融在联盟成立时也表示："这是中央企业可能赶超国外企业并在电动汽车领域确立竞争优势的难得契机。"目前全球电动汽车产业尚处于起步阶段，而中国企业已具备了完整的产业链，并掌握了电动车整车开发关键技术，实现了关键零部件的自主开发和商业化。如一汽、东风等自主研发的电动车已经下线，中海油、力神等企业在电池研发上处于领先地位。

在电动汽车领域，目前各国还处在齐头并进时期，中国需要在体制优势的带动下，抓住机遇，这是"巨创新"的一种，不仅对我国今后的产业发展、环境治理关系重大，而且可望为人类发展作出属于中国人的巨大贡献。

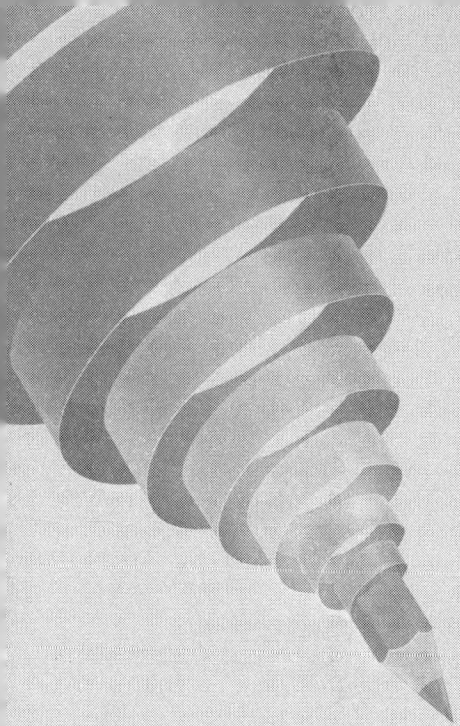

七 塔尖创新:
人类进步的永恒阶梯

　　塔尖创新，是为了探索人类未来技术进步、管理进步而做的探索性创新。实验室里成千上万的尖端技术探索，管理思想家们长年扎根企业，试图发现推动人类生产力进步的种种管理因素、制度因素，都属于此类创新的范畴。这种塔尖式前沿研究，不再与短期的经营利润挂起钩来。从技术的层面，一旦探索成功，就很可能转化成为巨创新实践，这是人类创新行为的最高级形式。

摇撼世界的伟大杠杆
///

　　自人类社会诞生以后，人类就是在创新中不断走向前进的，每一天人类都在创造着不同，正是这些不同，构成了人类进步永恒的阶梯。创新对人类社会的进步而言，不啻是必不可少的必需品。当然，这些创新的意义并不相同，小的创新可能只是解决了家庭中所遇到的小的困难，它可以是改进了家具的布局，可以是调整了窗台的高度，也可以是设计了一台新型手机，开办了一家企业，当然，更重大的创新是那些对人类生活影响最大、最重要的创新活动，从而构成创新王国中的基本规律，同时夯实着未来创新发展的根基。

　　可以称得上诸如此类"塔尖创新"的其实并不太多，在19世纪以前，中国在"塔尖创新"领域对人类的贡献最大，包括我们最引以为豪的"四大发明"，就改变了整个世界的面貌，从而构成了中华民族对于人类文明的重大贡献。而进入19世纪近代社会以后，欧美国家凭借其发达的教育体制和追逐新兴事物的热情，激发了他们前所未有的创新热情，其中最突出的是三次科技革命。每一次科技革命都引起了资本主义国家新一轮的经济增长与社会振兴。举其要者，蒸汽机的发明与改良，就属于塔尖创新之一，恩格斯有评价曰："分工，水力特别是蒸汽力的利用，机器的应用，这就是从18世纪中叶起工业用来摇撼旧世界基础的三个伟大杠杆。"此外，20世纪以来，塑料、电、计算机、飞机、激光、基因工程、航天工程等都是足以改变人类生活面貌与社会结构最重大的创新。

过去的一个世纪人类进入有史以来创新能力最强的时期，其中许多伟大的发明和创意使我们居住的地球已再也不是那个过去几千年面貌维持稳定的世界了。早在20世纪初，当美国某个杂志请当时最有名的科学家写出他们所认为的今后一百年的世界时，尽管这些科学家充分发挥了他们无与伦比的想象力，写下了他们对于2000年的想象，然而，当2000年真的到来时，世界的发展还是远远超过了一百年前的预言。过去的一百多年，人类的进步只能用突飞猛进来形容。有位作家曾这样写道："我真诚地相信，我们生活的知识时代，没有任何事物我们不了解，只要是人能想到的事，总有人能做到。"

这些塔尖创新并不仅仅是一项技术的突破，而是整个科技基础平台的突破。尽管在创新之初，其指向并非仅仅是针对企业技术产品，它往往是从基础研究中而来，或在一定的政治、军事目的的指引下而产生，然而，一旦在塔尖创新有所突破，它所带来的是一系列行业的兴起。毋庸讳言，谁最先看到塔尖创新的先机，谁最先抓住塔尖创新带来的无限商机，谁能在塔尖创新中不断改进和完善产品和服务，谁就能在塔尖创新的指引下不断走向前进。

互联网的诞生可谓20世纪塔尖创新的代表之一。它最早是20世纪60年代美国军队出于军事的目的建立起来的，最初是为了能够提供一个内部通信网络，从而使得在遭受核武器摧毁情况下，也能建立起有效联络途径，从而保证军事信息的安全、顺利传达。由于TCP/IP体系的迅速发展，互联网在70年代以后发展起来，并在20世纪90年代迎来发展的热潮。互联网的出现是人类通信技术领域的一个划时代革命，它超越了最初军事的目的，而成为全人类共享的交流平台。借助互联网技术这样的"塔尖创新"，不少互联网公司利用这些塔尖创新成果，针对特定目的、特定人群而发展成全球瞩目的杰出公司，如微软、雅虎等等。在中国，也有一大批成功的互联网网站，如门户网站新浪、搜狐等，还有电子商务领域的阿里巴巴，即时通讯领域的腾讯等等。谁抓住了塔尖创新的先机，谁就能占领整个新兴市场。

过去一百年人类科技进步的步伐至今仍未停息。进入21世纪的头十年，科技领域的进步令人目不暇接，由此带来的企业兴衰更是以年度为指标发生着剧烈的变化。据统计，近十年来，中国企业500强与世界500强的榜单已发生了巨大的变化，这种变化的原因纷繁复杂，但是否引领创新潮流则是其中极其重要的一个方面。

举一个简单的例子，手机市场各大巨头的兴衰就显现出占领创新潮流的重要性。前些年占据市场份额最多的诺基亚曾长期是手机市场的领先者，其设计贴近用户需求，坚固耐用的性能被发挥得淋漓尽致。然而，随着苹果等利用新的操作系统与个性化设计，迅速在智能机领域占得先机。目前而言，诺基亚在智能手机市场，销售远远落后于三星、苹果iPhone和HTC等，而在低端手机市场，又无法制住其他的亚洲竞争对手。据分析，自从2007年iPhone出现之后，诺基亚的利润从领先行业的35亿美元已经降为13亿美元以下，市值也在不断缩水。智能手机的市场占有率一度下跌到50%，而在2011年第二季度，诺基亚连续15年全球销量第一的地位也被苹果和三星超过。2011年，诺基亚这家手机市场的全球领先者已先后多次发布裁员计划并从多个证券交易所退市，仅仅几年工夫，诺基亚就从全球手机市场的王者变为落后，其中，科技创新应对能力不足无疑是其中最主要的原因。

对于未来的科技发展，目前还无法完全确估，因为人类的智慧是不可想象的，它在不断打破我们对于这个世界的认知，而且，真正的塔尖创新从来都是天才的产物。这里，我们仅仅在目前已显现的某些具有应用前景的科技突破中选取几个在未来数十年有望取得塔尖创新，引领又一轮企业创业发展高潮的行业领域。

抓住低碳商机的4个层面

随着人类社会旧能源的枯竭，未来围绕着新能源的生产、传输、交易以及与之相关行业的全面发展将成为世纪热点，这就是目前全世界都在广泛讨论的"低碳经济"，以及与之相关的"碳交易"等。

人类社会的发展史本来就是一部利用自然能源的过程，在历史时期，主要利用的是生物质能如植物秸秆等，进入工业革命时代以后，煤炭、石油等逐渐得到广泛利用，水能、沼气、风能、核能等也逐渐进入人类的视野并逐渐扩大了应用比重。但毋庸讳言，就目前中国与世界的能源结构而言，煤炭和石油还是最大众的能源品。这种能源最大的缺陷有两个：一是它们都属于非可再生资源，而且据估计，全球的煤炭和石油会在几十年到两百年内消耗殆尽；二是煤炭和石油的使用产生了大量的温室气体，从而引发了各种环境问题。围绕了解决温室气体排放，全球正通过谈判，力图遏制温室气体不断增多的趋势，《京都议定书》的签订代表着人类的共识，尽管这种共识来得还比较脆弱，发达国家还在使用各种办法力图减少自己的责任。但可以想见，未来数年、数十年，减少煤炭、石油的使用，增加新能源供给已是大势所趋。低碳创新正成为越来越多企业的新追求。

上海世博会场馆，就成为企业低碳创新的大舞台——主题馆和中国馆的太阳能光伏项目由无锡尚德承建；所有场馆的空调都是远大集团提供的非电空调；服务于园区的400余辆电动环保车是由日新电动车公司生产；万科甚至造了一个"万科馆"来强调其"低碳建筑"理念……

采用低碳技术进行产品和技术创新，不但为企业带来收益的增加，而且会带来品牌力的提升。对中国的制造型企业来说，也是企业改变产品结构和产品升级的良机。怎样才能在低碳大潮中挖掘到属于自己的商业机会？更重要的是探索一个能从中获利的商业模式。具体来说，企业可以通过四个层面进行低碳创新获得商业机会。

1.以"碳资产"换取资金和技术

目前中国企业可以通过"清洁发展机制（CDM）"参与到全球碳市场中，其具体有两种交易模式：二氧化碳换资金、二氧化碳换技术。

所谓"二氧化碳换资金"，通俗地说就是，国内企业投资有利于减少温室气体排放的工业项目，将减少的二氧化碳排放量，经联合国气候组织核实之后，可以出售给发达国家。

所谓"二氧化碳换技术"，通俗地说就是，国内企业缺乏某项关键技术，发达国家愿意无偿提供相关技术，但条件是，因技术改善而减少的二氧化碳排放额度，经联合国气候组织核实之后无偿让渡于外资方。

举例来说，投资某个工业项目，按传统方式运行，可能每年要排放二氧化碳1万吨，但是如果采取一些替代方式，能使得二氧化碳年排放量减少至5000吨，那么年排放量就减少了5000吨。而这5000吨的减排量，经过"审核认证"之后，即可在国际碳交易市场出售。

设立一个CDM项目，是个相对复杂的过程。CDM项目目前主要应用于石油、化工、水泥、钢铁等一些高能耗、高污染的传统行业，采用一些新的技术实现减排。

表4　跨国公司的绿色创新实践

企业名	绿色实践	效果
可口可乐	与世界自然基金会携手，改善长江上游水质，比如，帮助农民将猪粪便转化为可用来做饭和发热的生物燃料，从而减少动物类粪便流入长江	品牌形象提升
通用电气	通用电气与英国电力经销商 Central Networks 合作，通过智能电网技术，把英国米尔顿镇凯恩斯转化成一个世界级低碳城市	在协助客户节能时自然获得商业机会
特易购	特易购在中国区的 81 家超市门店统一安装了世界领先的能源管理系统，能耗情况可随时上传到设在上海的能源管理中心，实现远程控制降低碳排放	自身运营成本降低
西门子	正在推行全面的环保相关业务组合，比如，为世博会提供的基础设施，90%来自低碳技术和解决方案，在中国的低碳项目还包括云南—广东高压直流输电线路、无锡污水处理厂项目等	抢占低碳商业的先机

企业名	绿色实践	效果
沃尔玛	推出低碳供应链，比如，需求供应商采用环保的包装、压缩产品的包装体积以节省动力，同时沃尔玛还将测算供应商产品的能耗，并先把能耗低的产品推荐给消费者	带动整个产业链走向环保

2.进行清洁能源投资

除了以上传统能源行业可以从"低碳"中掘得商机，一些新能源行业同样可以利用低碳获益。以尚德为代表的太阳能企业、以金风科技为代表的风能企业，可以说是其中的佼佼者。它们将阳光、风力、潮汐、沼气等自然能源直接转化成电能，同时并不产生二氧化碳等温室气体。有些企业从创立之初，就是立足于全球应对气候变化、能源危机这样一个大环境，去捕捉一些商业机会。

从事清洁能源开发的企业，其获利来源可以通过两个方面实现：其一，其利用各种自然能源转化成的电力能源及整体解决方案的销售收入；其二，实现的二氧化碳排放量减少额度，可以出售给发达国家。比如，深圳相控科技有限公司，他们从事垃圾综合处理。首先他们利用垃圾填埋产生的沼气发电，将电能卖给国家电网；其次他们将垃圾沼气发电所减少的二氧化碳排放额度，出售给了奥地利买家。

3.从事合同能源管理

除了参与国际碳交易之外，企业还可以从其他方面获得商业利益，有些新型企业，在整个价值链条当中找到了一个非常有利的位置，比如提供节能解决方案的一些企业。有的企业专门从事节能控制，比如对企业的耗电系统进行技术改造，假如一个月原先需要耗电100万度，经过节能公司技术改造之后，耗电量下降到了70万度，就减少了30万度的电费支出，那么节能公司就可以就这节省的30万度电费进行利益分成。整个节能改造的设备及资金支出由节能公司投入，耗电企业无须增加任何投入。

这种模式，无论是对于耗能的企业还是节能方案供应商来说，都是双赢的。随着国家节能减排日趋严厉，这一类节能方案供应商，将有广阔的市场空间。

4.争取政府的节能技术补贴

对于一些非高污染的制造企业来说，因为它们进行技术改造能够实现的二氧化碳减排量相对较少，因而难以参与国际的碳交易。这类企业可以通过开发节能产品来参与低碳竞争，然而，毕竟投入节能产品的开发需要大量的资金，而收益未必能够即期显现，因而其动力有些不足。这当中确实还有一笔经济账，这涉及成本及时间问题，这就需要政府的政策推动。

目前，政府致力于节能减排方面的政策措施也在逐步完善，其中就包括协助企业开发节能产品的财政补贴。以汽车行业为例，国家财政给予相关新能源汽车生产商补贴。从事新能源汽车开发的比亚迪将从中获得最大收益。同时，比亚迪也获得了深圳市政府的专项财政补贴。

一些抢先开发低碳节能产品的企业，无疑就占据了更有利的先机，而且现在的研发投入还有可能获得政府的财政补贴，等于是政府协助企业抢占未来市场。随着绿色产品、绿色供应链、绿色营销等观念的不断传播与普及，绿色创新不但影响着企业的现在，而且影响着公司的未来。未来企业将越来越多地通过低碳创新，参与到低碳市场的争夺中来。

物联网开启智慧地球

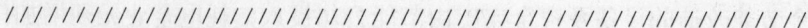

///

如果说互联网建设了一个"信息高速公路",从而使得海量的信息在全球范围内建立了一个共享机制的话,那么物联网的诞生将建设一个崭新的世界。

物物相连

所谓物联网,就是物与物实现互联互通。它要以互联网为基础平台,在这一基础上,将物品与物品之间实现信息交换与通信。其中物品与互联网连接的途径是射频、红外感应、全球定位系统、激光扫描器等等,对物品实现智能化识别、定位、跟踪、监控与管理。物联网是现代信息技术发展到一定阶段后出现的一种聚合性应用与技术提升,将各种感知技术、现代网络技术和人工智能与自动化技术聚合与集成应用,使人与物智慧对话,创造一个智慧的世界。

其中今天已经有部分功能初步具有了物联网的某些性能。如根据手机来实现定位和交通管理。如在奥运期间,但凡通过手机报警,交警局可以凭借奥运智能交通管理系统,在2秒内锁定报警人的具体位置。通过手机定位,交管部门可以在一张地图上显示人员的集中程度,从而可以制定特定地段的疏导方案。上海浦东机场的防侵入系统是物联网的一个应用典型。为了防止不速之客进入,浦东机场周边布设了上万个由许多传感器集成的传感节点,可以分辨靠近机场围栏的目标,起自动预警作用,浦东机场这种物联网的应用甚至能分辨是人在爬围栏还是台风的吹动。在北京市朝阳区，为了防止取暖导致一氧化碳中毒死亡的事故，2011年3月份开始试点，在数间出租房屋安装了一氧化碳的传感器，在两小时内发现就能避免人员死亡。

物联网的未来

2009年，奥巴马就任总统以后，与美国工商界领袖共聚一堂，探讨美国未来发展的方向，时IBM首席执行官提出了"智慧地球"的概念，建议政府花大力气投入到物联网的建设中去。这一概念甫一提出，立即引起全球政界、经济界、科技界的热议。2009年8月温家宝总理在视察中科院无锡物联网产业研究所时，对于物联网应用也提出了一些看法和要求，指出"要在激烈的国际竞争中，迅速建立中国的传感信息中心或'感知中国'中心"。"感知中国"是中国对于物联网的一个形象化概括。目前物联网已被正式列为国家五大新兴战略性产业之一，写入《政府工作报告》，物联网在中国受到了全社会极大的关注。中国移动总裁王建宙提及，物联网将会成为中国移动未来的发展重点。他表示将邀请台湾地区生产RFID、传感器和条形码的厂商和中国移动合作。

物联网用途广泛，目前已在智能交通、环境保护、政府工作、公共安全等方面显现出巨大的优势，未来还将进一步在平安家居、智能消防、工业监测、环境监测、老人护理、个人健康等多个领域取得广泛应用，从而使得整个社会与个人生活管理实现智能化操作，达到高度的自动化，实现物物相连的梦想，将极大降低社会成本，提高效率。据中国物流权威机构推算，我国物流成本占GDP的比重每降低1个百分点，则可以在货物运输、仓储方面节能降耗1000亿元以上，可以增加1300亿元左右的社会效益，而物联网的广泛应用将大大降低物流成本，实现低碳物流。

国际电信联盟于2005年的报告曾描绘"物联网"时代的图景：2020年一位居住在西班牙的23岁女生Rosa一天的生活。她的爱车出现了轮胎故障，在她经过她喜爱的汽修厂入口时，使用无线传感技术与无线传输技术的诊断工具对她的汽车进行了检查，并按要求自动驶向指定的维修台，维修台是全自动的。Rosa离开爱车去喝咖啡，饮料机知道Rosa对加冰咖啡的喜好，等她利用自己的Internet手表安全付款后立即倒出饮料。等她喝完咖啡回来，轮胎已经安装完毕。物联网在生活领域内的应用非常广泛：洗衣服的时候，洗衣机会主动"告诉"你水量少了还是多了；而你携带的公文包则会提醒你忘记带什么东西；你还能通过点击手机按钮在北京控制电饭煲，为重庆的家人煮饭。人们驾车时，只需设置好目的地，便可在车上随意睡觉、看电影，车载系统会通过路面接收到的信号智能行驶；人们生病时，不需住在医院，只要通过一个小小的仪器，医生就能24小时监控病人的体温、血压、脉搏等。

物联网把新一代IT技术充分运用在各行各业之中，具体地说，就是把感应器嵌入和装备到电网、铁路、桥梁、隧道、公路、建筑、供水系统、大坝、油气管道等各种物体中，然后将"物联网"与现有的互联网整合起来，实现人类社会与物理系统的整合，在这个整合的网络当中，存在能力超级强大的中心计算机群，能够对整合网络内的人员、机器、设备和基础设施实施实时的管理和控制，在此基础上，人类可以以更加精细和动态的方式管理生产和生活，达到"智慧"状态，提高资源利用率和生产力水平，改善人与自然间的关系。

毫无疑问，随着"物联网"时代来临，人们的日常生活将发生翻天覆地的变化。

未来商机

根据国家关于物联网"十二五"发展规划，到"十二五"结束时，无线射频识别（RFID）产业市场规模超过100亿元，传感器市场规模超过900亿元，其中，微机电系统（MEMS）传感器市场规模超过150亿元；机器到机器（M2M）终端数量接近1000万，形成全球最大的M2M市场之一。国务院发展研究中心产业经济研究部王忠宏在2010年无线世界暨物联网大会上表示，物联网的产业链非常长，根据初步测算，未来十年物联网重点应用领域投资可以达到4万亿元，产出是8万亿元，就业带动作用是2500万个。

物联网的产业链条包括RFID电子标签的芯片提供、无线传感网络、短距离通信技术、传感网技术及物联网技术在家居、安全、交通、医疗等多个领域的全面解决方案和成功应用，实现人与人、人与物、物与物在任何时间、任何地点的连接，从而进行信息交换和通信，以实现智能化识别、定位、跟踪、监控和管理的庞大网络系统。其中每个环节都充满着无穷的商机，必将开启下一轮全球竞争的焦点。

随着国家将物联网的发展纳入国家规划，其发展前景愈发明朗。围绕物联网的建设将带来一系列产业的发展。无锡、杭州、广州、重庆等城市纷纷"出招"，掀起了一股建设物联网的热潮；一些企业已看到物联网的发展带来的巨大商机，一些大型企业已将人力、物力投入研发当中并取得了一定成绩。据中央电视台报道，在海尔集团的体验中心，拥有了物联网技术，无论用户身在何处，都可以通过手机远程遥控家中的空